J. P. Vaswani

Der Opal, der nicht leuchten wollte

J.P. VASWANI

Der Opal, der nicht leuchten wollte

100 Geschichten, die dein Leben verändern

Aus dem Englischen von Carina Tessari

Allegria

Hinweis

Die vorliegenden Geschichten richten sich an Menschen aller Glaubensrichtungen. Deshalb wird der Begriff Gott in einem spirituellen, alle Konfessionen und Religionen übergreifenden Sinn verwendet.

Der Verlag hat die Quellenlage mit größter Sorgfalt recherchiert und die Nennung der Rechteinhaber dementsprechend vorgenommen. Sollte dennoch eine Textpassage nicht ausreichend als Zitat gekennzeichnet worden sein, bittet der Verlag um einen entsprechenden Hinweis des Rechteinhabers.

Die Originalausgabe erschien 2015 unter dem Titel
100 stories you will never forget im Verlag
Jaico Publishing House.

Allegria ist ein Verlag der Ullstein Buchverlage GmbH

ISBN 978-3-7934-2330-0

© der deutschen Ausgabe 2018 by Ullstein Buchverlage GmbH,
Berlin
© der Originalausgabe by J. P. Vaswani
100 STORIES YOU WILL NEVER FORGET.
Copyright © 2015. All Rights Reserved. Published by
arrangement with the Owner, Jaico Publishing House.
Übersetzung: Carina Tessari
Lektorat: Vera Baschlakow
Umschlaggestaltung: zero-media.net, München
Gesetzt aus der Minion
Satz: Keller & Keller GbR
Druck und Bindearbeiten: GGP Media GmbH, Pößneck
Printed in Germany

Inhalt

1

Schicksalsgefährten

Ein kleiner Junge saß auf einer Parkbank und hielt behutsam einen Spatz zwischen seinen Händen. Der Vogel hatte einen gebrochenen Flügel. Eine freundliche Frau sah den Jungen dort sitzen, wie er mit ernster Miene den verwundeten Vogel streichelte.

»Kleiner, soll ich den Spatz für dich mit nach Hause nehmen und gesund pflegen?«, fragte sie sanft und legte dem Jungen eine Hand auf die Schulter.

Sie nahm an, dass der Vogel dem Jungen leidtat und dass er nicht wusste, was er mit ihm machen sollte.

»Ich verspreche, ihn zu dir zurückzubringen, wenn er wieder gesund ist«, fuhr sie fort. »Und dann lassen wir ihn zusammen frei.«

Der kleine Junge dachte einen Moment nach. Dann sagte er: » Vielen Dank, Ma'am, aber ich möchte mich lieber selbst um den Vogel kümmern.«

Er machte eine Pause und fügte dann hinzu: »Ich verstehe ihn besser, wissen Sie?«

Die Frau wollte gerade etwas erwidern, als der Junge aufstand. Erst da sah sie, dass er behindert war: Er trug eine Prothese am linken Bein.

Selbst Mitgefühl folgt dem Gesetz der Anziehung.

Wir Menschen besitzen eine ganz besondere Gabe: Mitgefühl.

Meryl Streep

Das rät dir Dada Vaswani

Versetze dich in andere Menschen hinein, bevor du deinen Standpunkt äußerst. Versuche ihre Seite der Geschichte und die Gründe für ihr Verhalten zu verstehen, bevor du vorschnell Ratschläge erteilst. Frage dich, ob du dich ähnlich verhalten würdest, wenn du in der gleichen Situation wärst. Dieser Blick nach innen, verbunden mit einem Hinterfragen der Hintergründe, wird deine Einstellung mildern, und du wirst umsichtiger und einsichtiger handeln.

2

Die Kokosnuss,
die sich nicht öffnen ließ

Es waren einmal zwei Männer, die einen Rishi, einen weisen Seher, aufsuchten. Sie baten ihn, als seine Schüler aufgenommen zu werden. Sie sagten zu ihm: »Oh Rishiwar, wir sind gekommen, um von deinem großen Wissen und deiner unermesslichen Weisheit zu lernen.«

Der Rishi, der das schon viele Male zuvor erlebt hatte, fragte die beiden: »Seid ihr bereit dafür?«

Die Männer waren verwundert, doch sie versicherten, dass sie ganz und gar bereit seien. Der Rishi reichte daraufhin jedem Mann eine Kokosnuss und sagte zu ihnen: »Geht los und öffnet die Kokosnuss, aber tut es an einem Ort, an dem euch niemand sehen kann.«

Die beiden Männer zogen in verschiedene Richtungen los. Der einer suchte eine dunkle Höhle auf und blickte sich mehrfach um, ob ihn jemand sehen konnte. Als er sicher war, dass niemand sonst da war, öffnete er die Kokosnuss. Schnell lief er zurück zu dem Rishi und sagte: »Ich bin tief in eine dunkle Höhle hineingegangen und habe dort die Kokosnuss geöffnet, ohne dass mich jemand gesehen hat.«

Der andere Mann irrte nach Osten, Westen, Süden und Norden. Er suchte Höhlen auf, lief tief in Wälder hinein, kletterte sogar auf Berggipfel, doch jedes Mal, wenn er dachte, dass niemand ihn sah, flüsterte ihm eine innere Stimme zu: »Gott sieht dich!« Spät am Abend kehrte er zu dem Rishi zurück und sagte zu ihm: »Ich bin den ganzen Tag von einem Ort zum nächsten gelaufen, doch ich habe keinen Platz gefunden, an dem mich niemand gesehen hat. Egal wohin ich ging, ich konnte spüren, dass Gott da ist und über mich wacht.«

Gott ist überall. Gott liest jeden Gedanken, hört jedes Wort, ist bei allen Handlungen zugegen.

Es gibt keine Ecke, keinen Winkel,
wo Gott nicht ist. Er wacht über die Sünder
ebenso wie über die Rechtschaffenen.

J. P. Vaswani

Das rät dir Dada Vaswani

Schließe die Augen und wiederhole leise folgende Worte:

Gott sieht mich! Gott wacht über mich!

Gott sieht mich! Gott wacht über mich!

Gott sieht mich! Gott wacht über mich!

Mache das zu einem täglichen Ritual und du wirst seine Gegenwart, seine Fürsorge und seine liebevolle Umarmung in allem spüren, was dir widerfährt.

3

Als der Ministerpräsident
warten musste

Es gibt eine hübsche Anekdote aus der Zeit, als Pandit Jawaharlal Nehru Ministerpräsident von Indien war. Sie ereignete sich, als Nehru auf dem Weg zu einem wichtigen Termin war, und der Wagen, in dem er saß, an einem Bahnübergang halten musste.

Sein Fahrer, ein überaus diensteifriger Zeitgenosse, stieg umgehend aus, trat großspurig auf den Bahnwärter zu und herrschte ihn an: »Wie können Sie es wagen, dieses Auto anzuhalten? Wissen Sie überhaupt, wer dort drinnen sitzt? Niemand Geringeres als der Ministerpräsident von Indien persönlich! Also setzen Sie sich in Bewegung und öffnen Sie sofort die Schranke. Niemand lässt den Ministerpräsidenten warten!«

Ruhig und freundlich entgegnete der Schrankenwärter: »Meine Aufgabe ist es, diese Schranke zu schließen, sobald ich ein entsprechendes Signal erhalte. Ich bin nicht befugt, sie zu öffnen, bevor der Zug durchgefahren ist. Dies geschieht zu Ihrer aller Sicherheit.«

Der Fahrer wurde wütend. »Ich warne Sie«, drohte er. »Ich werde dafür sorgen, dass Sie entlassen werden. Sie werden Ihren Posten verlieren, wenn Sie nicht unverzüglich die Schranke öffnen!«

Der Bahnwärter zeigte sich unbeeindruckt. Er wartete, bis der Zug vorbeigefahren war. Erst dann öffnete er die Schranke, um das Auto durchzulassen.

Als Pandit Nehru erfuhr, was sich an dem Bahnübergang zugetragen hatte, war er hocherfreut. Er lobte das ausgeprägte Pflichtbewusstsein und das Rückgrat des Bahnwärters und erklärte, dass es genau diese Eigenschaften seien, die er von seinen Bürgern erwarte. Er stellte sicher, dass der Mann ausfindig gemacht und für sein Verantwortungsbewusstsein, mit dem er seinen Dienst verrichtete, honoriert und befördert wurde.

Die beste Möglichkeit zu bemessen, was ein Mensch wert ist, ist ihn bei der Ausübung seiner Pflichten zu beobachten. Es gibt vielerlei Wege, wie wir etwas tun können: Manche sind richtig, manche falsch. Doch von allen Wegen gibt es stets nur einen, der besser ist als alle anderen. Seien wir bestrebt, unser Bestes zu tun.

Es ist deine Aufgabe, die erhaltene Rolle
gut durchzuführen. Die Rolle auszuwählen
kommt einem anderen zu.

Epiktet

Das rät dir Dada Vaswani

Beschließe jeden Morgen, deine Pflicht voller Liebe
zu erfüllen, ganz gleich, was andere von dir erwarten.

Du wirst feststellen, dass du am Ende des Tages
weit weniger erschöpft bist als sonst.

Lerne, deine Rolle zu lieben. Gelingt dir das, ergibt
sich alles von selbst. Wenn du etwas tust, das du nicht
liebst, bist du nur halbherzig bei der Sache. Das wiederum wirkt sich negativ auf deine Leistungsfähigkeit
aus und führt zu Anspannung.

4

Großzügigkeit wird belohnt

Ein einsamer Bettler streifte durch die staubigen Gassen eines Dorfes und bat um Almosen. Nachdem er sich stundenlang erfolglos bemüht hatte, setzte er sich erschöpft in eine der Gassen, um sich auszuruhen. Ihm wollten vor Müdigkeit gerade die Augen zufallen, da schoss ein grelles Licht aus den Wolken, und er war schlagartig wieder hellwach. Direkt vor seinen Augen sank ein prächtiger goldener Streitwagen vom Himmel auf die Erde herab. Eine strahlende Gestalt entstieg dem Wagen und kam wohlwollend lächelnd auf ihn zu.

Das Herz des Bettlers tat vor Freude einen Satz. Mein Schicksal wendet sich, und meine Sorgen gehören der Vergangenheit an, dachte er sich. Vor ihm stand zweifellos ein Deva, ein Gott dienendes Wesen aus der Himmelswelt. Er musste ihm nur seine Schale hinhalten, und schon würde der Deva so viele Goldstücke hineinregnen lassen, dass ihm ein sorgenfreies Leben garantiert war. Seine Augen leuchteten voller Hoffnung und Begierde, als der Deva auf ihn zutrat.

Er beugte sich zu dem Bettler hinunter und fragte freundlich: »Was hast du für mich in deiner Schale?«

Der Bettler war entsetzt. Er verfluchte sein Pech. Ungnädig nahm er das kleinste Maiskorn, das er in seiner Schale finden konnte, und streckte es dem göttlichen Besucher widerwillig hin.

»Danke!«, sagte der Deva unbekümmert, ging zu seinem Streitwagen und flog in die Richtung zurück, aus der er gekommen war.

Der Bettler sah ihm missmutig nach. »Da begegne ich einmal im Leben einem so herrlichen Wesen und werde um Almosen gebeten«, brummte er verbittert. »Ich wünsche ihm viel Spaß mit dem fauligen Korn, das ich ihm gegeben habe!«

Am Abend, bevor sich der Bettler schlafen legte, leerte er seine Schale und sortierte die Münzen und Getreidekörner, die er über den Tag erbettelt hatte. Er zuckte verdutzt zurück, als er darunter ein einzelnes goldenes Korn fand. Das Himmelswesen hatte ihn doch belohnt! Jedoch nur in dem Maße, in dem sich der egoistische Bettler selbst erkenntlich gezeigt hatte. Der Bettler weinte bitterlich und hoffte inständig, der Deva möge noch einmal zurückkommen. Er schwor, dass er diesmal viel großzügiger sein würde. Doch es war vergeblich. Er hatte künftigen Wohlstand ausgeschlagen, indem er sich geweigert hatte, großzügig zu teilen, was er besaß.

Wir werden im Leben nicht daran gemessen, was wir anhäufen, sondern daran, was wir fortgeben.

Wayne Dyer

Das rät dir Dada Vaswani

Geben ist einfach, doch der innere Friede, der sich einstellt, wenn wir geben, ohne dass es von uns erwartet wird, ist eine Belohnung in sich.

Beobachte, inwiefern dein Geist nach Lob und Anerkennung strebt, wenn du anderen etwas gibst.

Kannst du geben, ohne die Selbstlosigkeit deines Handelns zur Schau zu stellen? Und kannst du Menschen etwas geben, die deine Freundlichkeit womöglich nicht erwidern?

5

Der Feind in uns

Es gibt ein arabisches Volksmärchen von einem weisen alten Mann, der auf der Wüstenstraße nach Bagdad reist. Unterwegs wird er von einer merkwürdigen Gestalt überholt, die es sehr eilig hat. Zunächst erschrickt der Mann, doch dann wird er neugierig und beschließt, der Gestalt hinterherzurufen. Er erfährt, dass es sich um die Pest handelt.

»Warum haben Sie es so eilig, nach Bagdad zu kommen?«, fragt der alte Mann.

»Ich soll fünftausend Menschen das Leben nehmen«, keucht die Pest atemlos und eilt weiter.

Nach einiger Zeit treffen sich die beiden zufällig auf dem Rückweg wieder.

»Sie haben mich angelogen«, sagt der alte Mann vorwurfsvoll. »Sie haben gesagt, Sie würden fünftausend Menschen das Leben nehmen. Aber in Wirklichkeit waren es zehntausend.«

»Das war ich nicht! Ich habe zu meinem Wort gestanden und nicht mehr als fünftausend getötet«, schwört die Pest. Dann fügt sie mit einem verschlagenen Grinsen hinzu: »Es war die Angst, die die anderen das Leben gekostet hat.«

Und tatsächlich: Mehr als jede sichtbare Bedrohung ist es die Angst, die unserer Seele am meisten schadet, die uns lähmt und unseren Lebenswillen bricht.

Angst tötet mehr Menschen als der Tod.

George Patton

Das rät dir Dada Vaswani

Wenn du spürst, dass du Angst bekommst, probiere die »7/11-Atemtechnik« aus.

- Halte inne.
- Konzentriere dich auf deine Atmung.
- Atme ein und zähle dabei im Kopf schnell bis sieben.
- Atme langsam wieder aus und zähle dabei im Kopf schnell bis elf.

Mache das etwa eine Minute lang. Du wirst überrascht sein, wie schnell du zur Ruhe kommst. Wir nennen es die »7/11-Atemtechnik«, aber du kannst die Zahlen frei wählen, solange du nur länger aus- als einatmest.

6

Liebe kennt keine Grenzen

Es gibt eine romantische Geschichte über die Eltern von Thomas Becket, dem englischen Märtyrer und Heiligen. Thomas' Vater Gilbert machte als junger Mann eine Pilgerfahrt ins Heilige Land. Dort geriet er in die Gefangenschaft eines Sarazenen. Die einzige Tochter des Sarazenen, eine hübsche, junge, unbescholtene Prinzessin, verliebte sich in Gilbert. Er versprach sie zu heiraten, wenn sie mit ihm nach England gehen würde, denn auch er liebte sie sehr.

Bald darauf bot sich Gilbert jedoch die Gelegenheit, aus den Fängen des Sarazenen zu fliehen. Er zögerte nicht lange und kehrte nach England zurück, wo er das junge Mädchen völlig vergaß, das ihm so arglos sein Herz geschenkt hatte.

Die Prinzessin dagegen vergaß Gilbert nicht so einfach. Fest entschlossen, ihn zu finden, stahl sie sich aus ihrem Elternhaus fort, um sich auf den Weg nach England zu machen. Ihre Freundinnen waren fassungslos. Vor achthundert Jahren begab sich eine Frau nicht einfach allein auf die Suche nach ihrem Geliebten, schon gar nicht, wenn sie weder dessen Sprache sprach, noch seine Adresse kannte!

Die Prinzessin jedoch hatte keine Angst, wenngleich sie nur zwei englische Worte kannte: »London« und »Gilbert.« Sie erreichte die Küste, lief am Kai an den Schiffen entlang und rief dabei immer wieder »London, London!« Seemänner wiesen ihr den Weg zu einem Schiff, das kurz darauf nach London auslief, und sie bezahlte die Überfahrt mit einem Teil ihres Schmucks.

In London angekommen, das damals noch ein kleines Dorf war, lief sie durch die Straßen und rief »Gilbert! Gilbert!« Einer von Beckets Knechten, der mit ihm zusammen in Gefangenschaft gewesen war, erkannte sie wieder und eilte zu seinem Herrn, um ihm davon zu berichten. »Herr, Herr!«, rief er, »so wahr ich hier stehe, das sarazenische Mädchen ist hier in London! Ich habe gesehen, wie es die Straße auf und ab lief und Ihren Namen rief!«

Sofort lief Gilbert los, um sie zu suchen. Bittersüße Erinnerungen an seine Liebe für die Prinzessin und an sein Versprechen sie zu heiraten, holten ihn ein. Sein Anblick, als er schließlich vor ihr stand, ließ sie in Tränen ausbrechen und sie sank ohnmächtig in seine Arme. Ihr Wille und ihre Entschlossenheit hatten ihr die Kraft gegeben, sich mutig unbekannten Gefahren zu stellen und ihren Geliebten zu finden. Gilbert und die Prinzessin heirateten kurz darauf.

Die Liebe öffnet Türen und Fenster,
die zuvor gar nicht da waren.

Mignon McLaughlin

Das rät dir Dada Vaswani

Empfinde heute Dankbarkeit für deinen Partner, deine Freunde, deine Eltern. Notiere auf einer Liste alles Segensreiche, alle Freuden und positiven Eigenschaften, die du diesen Menschen verdankst. Mache dir bewusst, dass sie als Teil eines göttlichen Plans in dein Leben getreten sind. Denn ohne die Fähigkeit zu lieben und geliebt zu werden, erfahren wir nur einen Bruchteil unseres wahren Potenzials.

Lehrer oder Präsident?

Ich erinnere mich an eine anrührende Geschichte aus dem Leben des bedeutenden amerikanischen Autors James Michener. Ihm wurde die seltene Ehre zuteil von Präsident Dwight Eisenhower zu einem Bankett ins Weiße Haus eingeladen zu werden.

Zu aller Verwunderung schlug James Michener aber die Einladung aus. Er erklärte seine Entscheidung in einem Brief folgendermaßen:

Eine wundervolle Lehrerin, die mich das Schreiben gelehrt hat, erhält am gleichen Tag, zur gleichen Zeit, eine Auszeichnung … Sie werden mich bei Ihrem Bankett nicht vermissen, Herr Präsident, aber sie würde es bei ihrer Feier.

»Ike« (wie Eisenhower genannt wurde) hatte so großes Verständnis, dass er persönlich zurückschrieb:

Lieber Mr Michener, Präsidenten kommen und gehen, doch einem wirklich guten Lehrer begegnen wir viel zu selten.

Es gibt im Leben einige kostbare Dinge wie die Lektionen eines klugen Lehrers, die unbezahlbar sind.

Ein Lehrer arbeitet für die Ewigkeit.
Niemand kann sagen, wo sein Einfluss endet.

Henry Brooks Adams

Das rät dir Dada Vaswani

Wir betrachten die Menschen, die uns nahestehen, oft als selbstverständlich. Wann haben wir all den Menschen, die sich unserer angenommen, die uns ausgebildet, betreut und unterstützt haben, das letzte Mal gedankt oder haben uns ihnen erkenntlich gezeigt?

Versuche, die Telefonnummern oder E-Mailadressen von mindestens zwei Lehrern herauszufinden, die dein Leben positiv beeinflusst haben.

Rufe sie an oder schicke ihnen einen Dank. Du wirst dich gut dabei fühlen und von ihrer Antwort gerührt sein.

Die reinigende Kraft des Leides

Eine fromme Frau teilte mit uns ihre Geschichte, wie sie vom Herrn aufgesucht wurde. Er erschien ihr eines Tages und sagte zu ihr: »Ich habe drei Gaben für dich. Wähle die aus, die dir am besten gefällt.«

Die »drei Gaben« waren unverdiente Kritik, Krankheit und Verfolgung.

Die fromme Seele wog die drei Gaben gegeneinander ab und fand, dass sie alle drei gleichermaßen schwierig anzunehmen waren.

»Ohne eigenes Verschulden kritisiert zu werden; als schlechter Mensch, Diebin, Lügnerin, Heuchlerin bezeichnet zu werden, obwohl ich mir nichts zuschulden habe kommen lassen?

Einer Krankheit anheimzufallen; im Bett zu liegen, nicht in der Lage zu sein, aufzustehen, mich zu bewegen, vielleicht sogar zu sprechen, und das über Monate, gar Jahre hinweg?

Wie eine Verbrecherin behandelt zu werden, obwohl ich ein untadeliges Leben führe; verfolgt, gequält und grausam gepeinigt zu werden?«

Alle drei Gaben hielten ein furchtbares Schicksal für sie bereit. Der Gedanke, was geschehen würde, wenn sie sich für eine der drei Gaben entschied, machte ihr Angst.

Lächelnd streckte ihr der Herr seine Hand mit den drei Gaben entgegen. Als sie aufsah und in sein gütiges Gesicht blickte, fühlte sie sich plötzlich furchtlos. Ohne zu zögern sagte sie: »Herr, ich nehme alle drei!«

Was war in diesem Moment geschehen? Ihre innere Stimme hatte ihr vertrauensvoll zugeflüstert, dass jede der drei Gaben dazu bestimmt war, sicherzustellen, dass sie innerlich stark genug werden würde, um mit Würde jedes irdische Unglück zu überstehen, das ihr zustoßen könnte.

Es sind Erfahrungen wie Prüfung und Leid,
durch die unsere Seele stärker wird,
unser Blick freier, unser Ehrgeiz geweckt
und Erfolge erzielt werden.

Helen Keller

Das rät dir Dada Vaswani

Vergreift sich heute jemand dir gegenüber im Ton, macht dir unnötig Vorwürfe oder bist du nicht in der Lage mit einer schwierigen Situation umzugehen, dann schließe die Augen und sage: »Danke, Gott!« Sage die Worte so lange, bis dein Herz Frieden und dein Geist Ruhe findet.

9

Zurück zum Ursprung

Der athenische Staatsmann Solon galt im antiken Griechenland als einer der größten Denker. Bis heute ist er als bedeutender Gesetzgeber bekannt.

Einmal verließ Solon das Haus mit einem fauligen Apfel in der Hand und mischte sich unter die Bürger, die sich sogleich um ihn scharten. Er stellte ihnen eine Frage: »Wer von euch kann mir sagen, was ich tun muss, um aus diesem alten Apfel einen neuen zu machen?«

Die Menschen schüttelten unwissend die Köpfe. Was konnte man schon mit einem fauligen Apfel tun? Einen neuen daraus machen – wer bitte hatte davon schon einmal gehört? Man warf ihn weg – das war's.

Als Solon keine Antwort auf seine Frage erhielt, teilte er den Apfel in zwei Hälften.

Er nahm die Kerne aus dem Gehäuse und sagte zu den Menschen: »Um diesem Apfel neues Leben einzuhauchen, um neue Äpfel aus diesem fauligen zu machen, müssen wir seine Kerne aussäen. Aus seinen Kernen werden neue Äpfel wachsen.«

Die Menschen staunten über die Weisheit und den Weitblick des Gesetzgebers. Wie hatten sie vergessen

können, dass selbst ein fauliger Apfel den Ursprung
neuen Lebens in sich trägt: seine Kerne!

Willst du ein neues Haus bauen,
nimm den besten Zement und Stahl.
Willst du eine neue Stadt gründen,
pflanze Bäume.
Willst du neue Menschlichkeit schaffen,
fange bei den Kindern an.

J. P. Vaswani

Das rät dir Dada Vaswani

Ermuntere Kinder dazu, sich mit dem Leben großer
Denker zu befassen und guten Umgang zu haben. Sie
sollten in der Lage sein zu erkennen, was richtig und
was falsch ist, was moralisch und was unmoralisch
ist. Ebenso wichtig ist es, ihnen zu erklären, dass nicht
automatisch alles verloren ist, wenn sie auf Menschen oder Dinge treffen, die verdorben sind. Geht
die Menschlichkeit verloren, denke daran, dass der
Ursprung der Menschlichkeit in den Kindern liegt.
Investiere in sie. Kümmere dich um sie, denn durch
sie kann neue Menschlichkeit entstehen.

10

Eiche oder Kürbis

Ein reicher, hochmütiger Mann bat um einen Termin bei James Garfield, dem Präsidenten des Hiram College in Ohio. Zu dem Treffen brachte er seinen Sohn mit, der sich gerade im Grundstudium befand.

»Sehen Sie, Mr Garfield, mein Sohn geht sehr gern auf Ihr College. Aber muss sein Studium wirklich drei ganze Jahre dauern? Können Sie die Studienzeit nicht etwas verkürzen, damit er schneller fertig ist? Ich kann es kaum erwarten, dass sich durch ihn meine Träume erfüllen.«

»Was wünschen Sie sich denn, das bei seiner Ausbildung herauskommt?«, fragte Mr Garfield ruhig. »Selbst Gott nimmt sich hundert Jahre Zeit, um eine Eiche zu schaffen, für einen Kürbis dagegen braucht er nur zwei Monate.«

Gut Ding braucht Weile!

Wenn es um Erfolg geht,
gibt es keine Abkürzungen.

Bo Bennett

Das rät dir Dada Vaswani

Wenn du dazu neigst, herumzuhetzen und ständig in Eile zu sein, wenn du alles immer sofort erledigen willst und keine Geduld hast den Dingen ihren natürlichen Lauf zu lassen, dann halte inne. Atme ein paarmal tief durch, bevor du handelst oder etwas unternimmst. Disziplin und Geduld sind der Schlüssel zum Erfolg.

Drei sind einer zuviel

Benjamin Franklin, der berühmte amerikanische Universalgelehrte, rief einmal seinen kleinen Sohn zu sich, um ihm einen Apfel zu schenken.

Der Junge freute sich und nahm seinem Vater mit leuchtenden Augen den Apfel aus der Hand.

Benjamin reichte ihm einen zweiten Apfel, und der Junge nahm ihm auch diesen ab. Jetzt hatte er in jeder Hand einen saftigen roten Apfel.

Da reichte ihm Benjamin einen dritten Apfel. Der Junge war außer sich vor Freude, doch als er versuchte, den dritten Apfel zu nehmen, fielen alle drei zu Boden. Der Junge begann zu weinen.

Er erkannte, dass er unter Umständen alles verlor, wenn er zu viel wollte.

Wer nicht mit dem zufrieden ist, was er hat,
der wäre auch nicht mit dem zufrieden,
was er gern hätte.

Sokrates

Das rät dir Dada Vaswani

Triff heute die Entscheidung weniger zu kaufen. Mache dir bewusst, dass du nicht automatisch glücklicher wirst, nur weil du mehr Sachen oder Kleidungsstücke besitzt. Frage dich: Brauche ich das wirklich oder habe ich gerade nur das Verlangen es zu besitzen? Wird es einfach nur in meinem Schrank herumliegen oder in meiner Wohnung herumstehen wie die tausend anderen Dinge, die ich besitze? Wenn du etwas nicht wirklich brauchst, dann kaufe es nicht.

12

Tue,
was getan werden muss!

Es gibt eine unterhaltsame Geschichte über einen König, der einen prachtvollen Tempel zu Ehren des Gottes Shiva errichten ließ. Als sich der Tag der Einweihung näherte, ordnete der König als Zeichen der Verehrung an, dass jeder Bürger des Königreichs einen Beitrag zu leisten und Shiva einen Krug Milch darzubringen habe. Dieser sollte am Abend vor der ersten Tempelzeremonie in das Tempelbecken gegossen werden, sodass am nächsten Morgen frühzeitig und ohne Verspätung mit der Puja, der Ehrerweisung, begonnen werden konnte.

Nun ging in den Köpfen der Bürger Folgendes vor: Wenn jeder einen Krug Milch in das Becken goss, warum sollte er das dann auch tun? Wer bemerkte schon den Unterschied, wenn er stattdessen einen Krug Wasser hineinkippte? Ein bisschen Wasser machte in einem Becken voller Milch doch praktisch keinen Unterschied!

Und so brachte jeder Bürger im Schutze der Dunkelheit einen Krug Wasser und schüttete ihn in der festen Überzeugung in das Becken, dass niemand den

Unterschied bemerken würde. Am nächsten Morgen stellte man fest, dass das Becken mit Wasser gefüllt war. Nicht ein einziger Bürger hatte es als seine Pflicht erachtet, Gott zu dieser besonderen Puja Milch darzubringen.

Jeder Einzelne zählt. Jedes bisschen zählt.

Wir stehlen uns aus unserer persönlichen Verantwortung, sobald wir uns in einer Gruppe befinden, doch in Wirklichkeit ist jeder für sein eigenes Handeln selbst verantwortlich.

Der Einsatz des Einzelnen an den Anstrengungen der Gruppe – das ist es, was ein Team, eine Gesellschaft und die Zivilisation funktionieren lässt.

Vince Lombardi

Das rät dir Dada Vaswani

In dieser Geschichte ging es darum, dass dringend etwas Wichtiges getan werden musste. Jeder nahm an, dass ein anderer sich darum kümmern würde, und so machte es schließlich keiner.

Übernimm Verantwortung und versuche, jede noch so kleine Aufgabe aufrichtig und rechtschaffen zu erledigen.

Entscheide jeden Morgen, wenn du die Augen aufschlägst, ganz bewusst und entschlossen deine Pflicht ehrlich und aufrichtig zu tun, komme, was da wolle.

Eine Frage der Einstellung

Malik Dinar war ein Sufi-Heiliger. Neben ihm wohnte ein Mann, der fest entschlossen war, den Heiligen so lange zu ärgern, bis er eines Tages die Fassung verlieren würde. So errichtete er seine Toiletten direkt am Eingang zu Malik Dinars Haus, sodass dieser, wenn er das Haus verließ oder dorthin zurückkehrte, an einer Reihe stinkender Toiletten vorbeigehen musste, die obendrein oft tagelang absichtlich nicht sauber gemacht wurden.

Den Heiligen schien das nicht weiter zu stören. Er hielt sich einfach jedes Mal ein Taschentuch vor die Nase, wenn er an den Toiletten vorbeilief, und ging friedlich seines Weges. Begegnete er seinem Nachbarn, versäumte er es nicht ein einziges Mal, ihn zu grüßen und zu segnen. Ja, Malik Dinar kümmerte sich sogar um ihn, als dieser krank wurde und niemand vorbeikam, um nach ihm zu sehen. Der Mann war dementsprechend verwundert.

»Ärgert Sie das nicht, dass Sie Tag für Tag an meinen Toiletten vorbeigehen müssen?«, fragte er Malik Dinar.

»Ärgern? Welches Recht habe ich mich zu ärgern?

Ich brauche mir lediglich ein Taschentuch vor die Nase zu halten. Dazu gehört nun wirklich nicht viel!«, antwortete Malik Dinar.

Was für eine bemerkenswerte Einstellung. Wenn wir lernen, uns diese Haltung zu eigen zu machen, können wir jede Niederlage in einen Sieg verwandeln.

Das Leben kann jederzeit schwierig werden.
Das Leben kann jederzeit einfach werden.
Es kommt einzig darauf an, wie wir uns
darauf einstellen.

Unbekannt

Das rät dir Dada Vaswani

Um dich auf schwierige Menschen und Situationen einzustellen, solltest du zunächst deine innere Haltung ändern.

Versuche dafür Folgendes: Jedes Mal, wenn du in eine Situation gerätst, die ein negatives Gefühl in dir auslöst, ersetze das negative Gefühl schnellstmöglich durch ein positives.

Verspürst du Wut oder Ärger, verwirf dieses Gefühl umgehend und wende dich mitfühlenden und empathischen Gedanken zu.

Bist du missgünstig, gebiete diesem Gefühl sofort Einhalt und versuche stattdessen, deinem Gegenüber wohlwollend zu begegnen.

Bist du gierig, erfülle deinen Geist mit dankbaren Gedanken.

Urteilst du über andere Menschen, setze Verständnis und Akzeptanz an die Stelle dieser Gedanken.

14

Bumerang

Traditionsgemäß wird in Indien von der Schwiegertochter des Hauses erwartet, dass sie ihre Schwiegereltern ehrt, bedient und ihnen gehorcht. Im Haushalt eines reichen Geschäftsmannes musste die Schwiegertochter enttäuscht mitansehen, welch vordergründige Großzügigkeit ihr Schwiegervater zur Schau trug. Der Geschäftsmann gebärdete sich als Menschenfreund, doch in Wirklichkeit war er geizig und gemein. Unter dem Deckmantel von Wohltätigkeit und Nächstenliebe ließ er alles Unbrauchbare und Nutzlose aus dem Haushalt aussortieren, darunter auch fauliges Getreide und verdorbene Lebensmittel, und an die Armen und Bedürftigen verteilen. Die Schwiegertochter, eine Frau mit hohen Wertvorstellungen, betete, dass Gott ihr die Gelegenheit dazu geben würde, ihren Schwiegervater auf den rechten Weg zu bringen.

Die Gelegenheit bot sich ihr eines Tages, als die Schwiegermutter verreiste und die Stadt verließ. Nun war die Schwiegertochter für die Mahlzeiten des Schwiegervaters verantwortlich. Sie bereitete Fladenbrote aus genau dem minderwertigen Mehl zu, das an diesem Tag für die Armen beiseite gelegt worden war. Die Fladenbrote wurden entsprechend hart und dunkelbraun. Das schmeckte dem Geschäftsmann ganz und gar nicht, der es gewohnt war, jeden Tag hochwertige Lebensmittel zu essen. Er fragte sich, was seiner Schwiegertochter einfiel, ihm ein derart ungenießbares Mahl zu servieren. Verärgert ließ er nach ihr rufen, um sie zu schelten.

»Weißt du nicht, wer ich bin?«, fragte er sie. »Ich bin das Familienoberhaupt!«

»Ja, das ist mir bewusst«, antwortete die Schwiegertochter ruhig.

»Wie kommst du dann dazu, mir diese uralten Chapatis zu servieren?«, fragte er noch aufgebrachter. »Ich bin ein wohlhabender Mann. Ich kann mir das beste Essen leisten. Wieso setzt du mir diesen Fraß vor, als wäre ich ein Bettler?«

»Lieber Schwiegervater«, antwortete die Schwiegertochter, »das, was du anderen gibst, bekommst du eines Tages zurück. Gewöhne dich besser an den Geschmack dieser Chapatis, denn es ist das, was du anderen zukommen lässt. Früher oder später werden sie als die Frucht deines Karmas zu dir zurückkehren.«

Der Geschäftsmann war sprachlos. Ihm gefiel gar nicht, was er da hörte, doch schon bald erkannte er, dass ihre Worte durchaus wahr klangen.

Asche fliegt demjenigen ins Gesicht zurück,
der sie wirft.

Sprichwort der Yoruba

Das rät dir Dada Vaswani

Mache heute alles, was du tust, ganz besonders bewusst. Jeder Gedanke, den du hast, jedes Gefühl, das du empfindest, jede Handlung, die du ausführst, ist ein Same, den du auf dem Feld deines Lebens aussäst. Es gibt ein Sprichwort: »Wir ernten, was wir säen.« Um gute Früchte zu ernten, stelle sicher, dass du gesunde Samen säst.

Bevor du denkst, bevor du fühlst, bevor du handelst, stelle dir folgende Frage: Würdest du wollen, dass dir selbst das geschieht? Die Frage wird den Verlauf deines Handelns automatisch in die richtige Bahn lenken.

15

Nur fünf Minuten!

David Brenner brachte es weit in der rauen Welt des amerikanischen Showbusiness. Als Stand-up-Comedian war er eine feste Größe in der amerikanischen *Tonight Show* und baute sich im Laufe der Zeit eine große Fangemeinde auf.

Er war prominent, lebte für den Ruhm und kannte viele Stars, doch es gab einen Lehrer aus seiner Schulzeit, den er trotz seiner Berühmtheit nie vergaß. Voller Dankbarkeit erinnerte er sich an Dr. Jacobs, seinen Physiklehrer. Als junger Mann hatte Brenner als «Störenfried» gegolten, da er seine Mitschüler während des Unterrichts ständig mit seinen komischen Streichen und Witzen abgelenkt hatte. Dr. Jacobs traf eine Abmachung mit dem vorlauten Schüler: Zu Beginn jeder Stunde räumte er Brenner fünf Minuten ein, um seine Witze zu reißen, seine Scherze zu treiben, um zu tun, was immer er tun wollte – aber nur fünf Minuten! War die Zeit zu Ende, musste Brenner sich setzen, zur Ruhe kommen und konzentriert dem Unterricht folgen.

Dr. Jacobs begann seine Stunde jedes Mal mit der Ankündigung: »Ladies and Gentlemen, der Grundkurs Physik präsentiert die Sketche und Streiche des David Brenner!«

In den nächsten fünf Minuten war der junge Brenner ganz in seinem Element. Er betrat die Bühne und unterhielt die ganze Klasse mit seinen Witzen. Der Lehrer achtete darauf, dass der Junge sein Wort hielt und anschließend für den Rest der Stunde aufmerksam zuhörte.

Dr. Jacobs gelang es, Brenners überschüssige Energie in die richtige Bahn zu lenken, sein Talent zu fördern und ihn gleichzeitig unter Kontrolle zu halten. Mithilfe der Abmachung sorgte er dafür, dass der Junge das Rampenlicht nicht an sich *riss*, sondern es sich *verdiente*. Kein Wunder, dass Brenner sich zeitlebens voller Liebe und Dankbarkeit an seinen Lehrer erinnerte.

Ein guter Lehrer erklärt anderen, wie sie ihr Potenzial erreichen können; ein sehr guter Lehrer hilft ihnen, dieses Potenzial für sich zu erkennen.

Bo Bennett

Das rät dir Dada Vaswani

Finde heraus, welches verborgene Potenzial in einem Menschen steckt und fördere es. Einige der größten Talente der Welt wurden entdeckt, weil es Menschen gab, die Verständnis und Geduld für sie aufgebracht und die sich bemüht haben, ihre Begabung zutage zu fördern.

Vielleicht hast du Kinder oder Neffen und Nichten. Erkenne ihre Talente, entwirf einen Plan und hilf ihnen, ihre kreativen Fähigkeiten zu entfalten. Vor allem aber wirke auf sie ein, indem du ihnen liebevoll zusprichst und gute Ratschläge gibst, damit sie ihre Fähigkeiten voll entwickeln können.

16

LaGuardias Urteil

Fiorello LaGuardia war ein berühmter und angesehener Politiker und für drei Amtszeiten Bürgermeister der Stadt New York.

Als er einmal den Vorsitz bei Gericht führte, wurde ihm ein zitternder alter Mann vorgeführt. Er wurde beschuldigt, einen Laib Brot für seine Familie gestohlen zu haben, die seit vielen Tagen hungerte.

LaGuardia ließ sich von einem Polizeibeamten den Fall schildern.

Dann wandte er sich an den alten Mann und sagte zu ihm: »Ich muss Sie bestrafen. Das Gericht muss ein Urteil fällen, und es lässt keine Ausnahmen zu. Ich muss Sie zu einer Geldstrafe in Höhe von zehn Dollar verurteilen.«

Zehn Dollar! Der alte Mann war am Boden zerstört. Er besaß noch nicht einmal zehn Cent!

Ungerührt, wie es LaGuardias Art war, fuhr er fort: »Da die zehn Dollar sofort zu zahlen sind, werde ich für den Betrag selbst aufkommen.« Er griff in seine Tasche, holte einen Zehn-Dollar-Schein heraus und steckte ihn in die Sammelbüchse. »Und nun erlasse ich die Strafe.«

Den im Gerichtssaal anwesenden Zuschauern klappte aufgrund der unerwarteten Entwicklung die Kinnlade herunter, und sie starrten den Bürgermeister an. LaGuardia wandte sich an sie und erklärte kühl: »Des Weiteren belege ich alle hier Anwesenden mit einer Geldstraße von 50 Cent. Ihr Vergehen? Sie leben in einer Stadt, in der ein Mann ein Brot stehlen musste, um etwas zum Essen zu haben.«

Mit diesen Worten ordnete er dem Gerichtsdiener an, die Strafe von jedem der Anwesenden einzusammeln.

Ein Hut wurde herumgereicht, die Summe in Höhe von siebenundvierzig Dollar fünfzig eingesammelt und dem alten Mann übergeben, der den Gerichtssaal als freier und glücklicher Mann verließ.

LaGuardia war nicht nur ein Staatsmann und eine hochangesehene Persönlichkeit des öffentlichen Lebens, er war auch ein wahrhaft kultivierter Mann.

Meine Religion ist ganz einfach.
Meine Religion ist Güte.

Dalai Lama

Das rät dir Dada Vaswani

Begegnest du einem Menschen, dem es nicht gut geht, vergiss für einen Moment deinen vollen Terminkalender und halte inne, um über dessen Situation nachzudenken. Versetze dich in seine Lage und spüre seinen Kummer. Du wirst automatisch das innere Bedürfnis empfinden, ihm helfen zu wollen. Dieses Bedürfnis ist dein Gewissen.

Höre auf die Stimme deines Gewissens!

Sei mutig und handle gemäß dieser Stimme!

Sei fest entschlossen auf jede erdenkliche Weise zu helfen, unabhängig davon, was andere Menschen tun oder sagen könnten.

Finde deine Freiheit!

Es waren einmal drei Männer, die alle zu viel tranken. Abend für Abend trafen sie sich und zechten bis in die frühen Morgenstunden. Eines Nachts, nach einem besonders heftigen Saufgelage, torkelten sie an den Strand. Dort entdeckten sie ein Boot.

»Los Jungs, lasst uns eine Spritztour machen«, schlug einer der Betrunkenen vor. Die Freunde waren sofort dabei. Irgendwie schafften sie es, in das Boot zu klettern, und nach einigen erfolglosen Versuchen begannen sie zu rudern. Sie ruderten die ganze Nacht hindurch, bis sie müde und erschöpft waren. In ihrem betrunkenen Zustand hatten sie das Gefühl, kilometerweit aufs Meer hinauszufahren. Doch als mit Sonnenaufgang die Wirkung des Alkohols nachließ, blickten sie sich um und stellten fest, dass sie sich nicht einen Meter vom Ufer wegbewegt hatten. Sie waren immer noch am Strand. Genauer gesagt befanden sie sich exakt an der Stelle, an der sie eingestiegen waren. Das Boot war an einer Boje festgebunden.

Die menschliche Natur gleicht der der Betrunkenen, die die ganze Nacht hindurch ruderten, ohne das Boot loszumachen.

Indem wir loslassen, gelingt uns alles.
Die Welt wird von denen gewonnen,
die loslassen. Plagen wir uns aber immer
weiter, ist die Welt für uns verloren.

Laotse

Das rät dir Dada Vaswani

Befreie dich! Löse dich von der Welt der Maya, der Welt der Täuschung. Sei im wahrsten Sinne frei und nimm die Welt und dein Leben in aller Herrlichkeit wahr.

Unsere Wünsche halten uns davon ab, eine neue lebensfrohe und schöne Bewusstseinsebene zu entdecken. Wenn wir eine Treppe hinaufgehen, tun wir das Schritt für Schritt. Wir steigen hinauf, indem wir einen Fuß auf die obere Stufe setzen und den anderen von der unteren Stufe lösen. Genauso müssen wir uns von unseren Wünschen lösen, um eine höhere Sphäre zu erreichen. Wie das geht? Zunächst müssen wir uns einer höheren Kraft anschließen, um unsere falschen Wünsche loslassen zu können.

Bitte heute um die reine Liebe und Hingabe, damit dich die bezaubernde Maya nicht in die Irre führen kann.

Woran erkennt man
einen echten Freund?

Im jüdischen Talmud finden wir die Geschichte von einem Mann, der drei Freunde hatte. Zu zweien hegte er eine innige Zuneigung, den dritten hingegen schätzte er nicht allzu sehr.

Eines Tages erhielt der Mann vom königlichen Gerichtshof eine Vorladung. Zutiefst beunruhigt bat er seine beiden besten Freunde, ihn zu begleiten und für ihn auszusagen.

Der erste lehnte die Bitte rundweg ab. Der zweite gab zögernd nach und willigte ein, ihn zu begleiten, jedoch nur bis vor die Tore des Gerichtsgebäudes und keinen Schritt weiter.

Der Mann war von der ablehnenden Haltung seiner Freunde wie vor den Kopf gestoßen und hatte kaum mehr Hoffnung. Es kostete ihn einige Überwindung, bevor er sich an den Freund wandte, den er am wenigsten schätzte. Zu seiner Überraschung willigte dieser nicht nur ein, den gesamten Weg mit ihm zu gehen, er sagte vor dem König auch so überzeugend für ihn aus, dass der Mann freigesprochen wurde.

Diese besondere Geschichte aus dem Talmud diente als Vorlage für das Moralitätenspiel *Everyman* aus dem späten fünfzehnten Jahrhundert. Everyman wird vom Tod aufgefordert vor Gott zu treten. Der »Freund«, den er von allen am meisten schätzt – sein irdischer Reichtum –, kann ihn auf dem Weg keinen einzigen Schritt begleiten. Seine Familie und Verwandten stellen den zweiten »Freund« dar. Dieser kann ihn zwar bis ans Grab begleiten, vor dem göttlichen Richter verteidigen kann er ihn jedoch nicht. Es ist der dritte »Freund«, von dem er eigentlich gar nicht viel hält – seine guten Werke –, der den ganzen Weg bis vor Gottes Richterstuhl mit ihm geht, für ihn eintritt und seinen Freispruch erwirkt.

Gestalte dein Leben wie eine Kette
guter Werke.

Siddhartha Gautama (Buddha)

Das rät dir Dada Vaswani

Bevor du heute Abend ins Bett gehst, setze dich hin und denke über alle materiellen Schätze nach, die du besitzt. Was bist du in den Augen der Welt wert? Nimm ein Blatt Papier und schreibe alles auf, was du besitzt: Schmuck, Häuser, Autos, Vermögen etc. Halte auch deine liebsten Menschen, Familie und Freunde in der Liste fest.

Schließe dann die Augen und stelle dir einen Teich vor. Du schaust in den Teich. Er ist ruhig. Er ist friedlich. Dein ganzer materieller Besitz spiegelt sich im Wasser. Strecke eine Hand aus und greife nach deinem Besitz. Alles, was passiert, sind Kräuselungen auf der Wasseroberfläche; die Spiegelungen bleiben, doch sie sind stark verzerrt.

Das ist die große Erkenntnis! Alles Materielle ist unwirklich, und der Versuch danach zu greifen, führt nur zu Kräuselungen auf dem ansonsten so ruhigen See deiner Seele.

Präge dir diese Bilder ein und denke immer wieder darüber nach.

19

Ein wahres Vermögen

Es war einmal ein berühmter Maler, für dessen Arbeiten Kunstsammler bereit waren, Millionen zu zahlen.

Eines Tages wurde in das Atelier des Malers eingebrochen und sein neuestes Meisterwerk gestohlen. Der Maler tat den Einbruch mit einem Achselzucken ab. Seine Freunde hingegen waren entsetzt. Als sie tags darauf vorbeikamen, um ihm ihr Bedauern auszudrücken, fanden sie ihn entspannt wie eh und je in seinem Garten.

»Wie kannst du nur so gelassen und unbekümmert sein?«, fragten sie ungläubig. »Dieses gestohlene Bild bringt dich um Millionen!«

»Du hast ein Vermögen verloren«, sagte sein Freund, ein Banker, und schüttelte betrübt den Kopf.

»Ihr irrt euch«, sagte der Maler nüchtern. »Eines meiner *Bilder* wurde gestohlen. Doch das war nicht mein Vermögen. Mein *wahres* Vermögen befindet sich hier.« Er tippte sich an den Kopf. »Das ist mein wahres Vermögen, mit dessen Hilfe ich all meine Bilder gemalt habe. Und es warten noch viele weitere Bilder da drinnen, die gemalt werden wollen.«

Positives Denken ist das größte Vermögen, das wir besitzen können.

Einstellung ist eine kleine Sache,
die einen großen Unterschied macht.

Winston Churchill

Das rät dir Dada Vaswani

Mache eine Liste mit all deinen Talenten und Fähigkeiten. Sie sind Geschenke, für die du dankbar sein kannst. Hast du eine kreative Begabung wie zum Beispiel Singen, Malen, Gärtnern, ein Musikinstrument spielen oder anderes, die bislang ungenutzt oder unentdeckt geblieben ist? Nimm dir mindestens einmal pro Woche Zeit, um sie weiterzuentwickeln und Spaß daran zu haben.

20

Die wahre Kunst zu leben

Ein Geschäftsmann befand sich auf einem Langstreckenflug über dem Pazifik. Neben ihm saß ein kleiner Junge, der über die Ferien nach Hause flog. Nach dem Mittagessen schliefen die Passagiere allmählich ein. Plötzlich wurden sie von einer wichtigen Durchsage des Piloten aufgeschreckt, der alle dazu anwies, sich anzuschnallen, da das Flugzeug jeden Moment in ein Gewitter fliegen würde. Obwohl die Maschine extrem groß und die Triebwerke sehr leistungsstark waren, wurde das Flugzeug aufgrund des starken Regens, des kräftigen Windes und den damit verbundenen Turbulenzen heftig durchgeschüttelt.

Der Junge wurde immer ängstlicher und klammerte sich verzweifelt am Arm des älteren Mannes fest. Der wiederum strich dem Jungen beruhigend über den Kopf.

»Haben Sie gar keine Angst?«, wimmerte der Junge, als das Flugzeug ganz plötzlich absackte.

»Aber nein«, erwiderte der Mann lachend. »Das macht doch Spaß! Es ist wie Achterbahnfahren! Gefällt es dir nicht?«

Der Junge dachte einen Moment darüber nach und

lächelte dann. Angst und Anspannung fielen von ihm ab, und auch er begann Spaß zu haben. Er lachte und quiekte vor Vergnügen, während das Flugzeug schwankte und ruckelte.

Der Geschäftsmann hatte dem Jungen eine wertvolle Lektion in der Kunst zu leben mit auf den Weg gegeben.

Das Leben besteht zu zehn Prozent aus dem, was uns widerfährt, und zu neunzig Prozent daraus, wie wir darauf reagieren.

Charles R. Swindoll

Das rät dir Dada Vaswani

Hast du schon einmal Bungee-Jumping oder Parasailing gemacht und kennst den damit verbundenen Nervenkitzel? Die Kunst liegt nicht im Sprung selbst, sondern in dem Wissen, dass dich unermessliche Freiheit und unvergleichliche Freude erwarten, wenn du loslässt.

Übe dich in dieser Kunst und genieße das Glück, das sie mit sich bringt.

21

Das ganze Geheimnis

Wir alle kennen Dunlop-Reifen. Ihr Erfinder war George C. Dunlop.

Als junger Mann besaß Dunlop kaum Geld. Trotzdem tat er alles, was in seiner Macht stand, um einer älteren Dame zu helfen, die ihm sehr am Herzen lag. Sie war krank und saß im Rollstuhl, und George schob sie oft darin spazieren. Dabei musste er feststellen, dass der Rollstuhl jedes Mal extrem durchgerüttelt wurde, wenn die Stahlfelgen über unebenen Boden rollten, was der älteren Dame einiges Unbehagen bereitete.

Intelligent und mitfühlend wie der junge George war, wollte er etwas tun, um die Fahrten angenehmer zu gestalten. Zu jener Zeit hatte man gerade ein neues Material entdeckt. Die Menschen staunten, wie weich und elastisch es war. Es handelte sich um nichts anderes als Gummi!

Dunlop nahm Gummistreifen und wickelte sie um die Stahlfelgen des Rollstuhls. Sie wirkten auf unebenem Untergrund wie ein Polster und federten die Bewegungen des Rades ab. Dies erwies sich als große Erleichterung für die alte Dame.

So nahm die Erfolgsgeschichte von Dunlop-Reifen ihren Lauf. Was ursprünglich damit begann und dazu gedacht war, einer alten Dame zu helfen und ihr Leben angenehmer zu gestalten, machte George Dunlop zum mehrfachen Millionär.

Eine einfache Neuerung, entstanden aus Mitgefühl, kann sich nicht nur finanziell bezahlt machen, sondern auch die Welt verändern.

Wenn du willst, dass andere glücklich sind, übe dich in Mitgefühl. Wenn du selbst glücklich sein willst, übe dich in Mitgefühl.

Dalai Lama

Das rät dir Dada Vaswani

Sobald du morgens die Augen aufschlägst, nimm ganz bewusst die Gedanken wahr, die dir durch den Kopf gehen. Für gewöhnlich sind es Sorgen, Ängste und unerledigte Aufgaben, die nach deiner unmittelbaren Aufmerksamkeit rufen. Dein Kopf möchte all diese Aufgaben so schnell wie möglich und auf einmal erledigen. Drücke stattdessen die »Pausetaste« und überlege dir: Wie viel Liebe werde ich heute allen Menschen schenken, die mir begegnen? Wie viel aufrichtiges Interesse kann ich ihnen entgegenbringen, und bin ich in der Lage ihren Kummer zu verstehen?

Übe dich in dieser Ernsthaftigkeit, um anderen Menschen zu helfen. Mache es dir zur täglichen Gewohnheit.

22

Die unvermeidliche Reise

Es war einmal ein reicher Industrieller, der sich stark zu einem religiösen Leben hingezogen fühlte. Seine Sehnsucht nach Gott war oft so groß, dass er leise Tränen der Liebe und Sehnsucht weinte. Dennoch hielt er an seinem luxuriösen Lebensstil fest.

Eines Tages, als er in seinem Garten meditierte und über die Schönheit der Blumen und die Freigiebigkeit der Natur nachsann, hatte er ein mystisches Erlebnis. Versunken in die vollkommene Stille der Meditation wurde er tief in eine Vision hineingezogen.

Die Vision zeichnete seine Weiterreise auf. Er sah sich am Ende seiner irdischen Reise zu einer weiteren aufbrechen. Die Reise war lang, mühsam und beschwerlich. Sie schien unendlich zu sein. Noch schlimmer allerdings waren die vielen Hindernisse, mit denen er sich unterwegs konfrontiert sah. Die sengende Hitze war unerträglich, doch es gab niemanden, der einen Schirm über ihn hätte halten können, um ihn vor der brennenden Sonne zu schützen. Er hatte Durst, doch da waren weder ein Fluss noch ein Brunnen, an dem er seinen Durst hätte stillen können. Er hatte Hunger, doch der Weg war wie ausgestorben und weit und breit gab es nichts, was er hätte essen können.

Dieser so unermesslich reiche Mann, der es sich in seiner Komfortzone bequem gemacht hatte und ein irdisches Leben im Überfluss führte, fand sich auf dieser neuen Reise plötzlich allein und sämtlicher Annehmlichkeiten beraubt. Er fühlte sich wie ein Waise, wie ein Kind, das man ausgesetzt und das sich verlaufen hatte. Die Vision war eine qualvolle Erfahrung.

Schweißgebadet wachte er daraus auf. In diesem Moment wurde ihm bewusst, dass all die materiellen Freuden, an denen er solchen Gefallen fand, nur bis zum Ende seiner irdischen Reise währen würden. Die Weiterreise in eine andere Sphäre, wie er sie anstrebte, würde vollkommen anders verlaufen. Er begriff, dass die Vision eine Vorahnung war. Sie war ein Hinweis, ein Zeichen, dass er sein verschwenderisches Leben aufgeben und sich auf die Weiterreise vorbereiten sollte.

Jeder von uns muss sich auf diese unbekannte, scheinbar endlose Weiterreise begeben. Aber sind wir darauf vorbereitet? Sind wir bereit?

Die Reise ist lang: Die Zeit ist begrenzt.
Wenn du das Ziel erreichen möchtest,
musst du laufen.

J. P. Vaswani

Das rät dir Dada Vaswani

Um dich im wirklichen Leben auf schwierige Menschen und Situationen einzustellen, solltest du dich zunächst innerlich darauf einstellen.

Dafür solltest du versuchen, jedes negative Gefühl, das plötzlich auftaucht, durch ein positives zu ersetzen.

Verspürst du Wut oder Ärger, lenke deine Gedanken in Mitgefühl und Empathie um.

Bist du missgünstig, bemühe dich, anderen wohlwollend zu begegnen.

Bist du gierig, erfülle deinen Geist mit dankbaren Gedanken.

Urteilst du über andere Menschen, versuche, Verständnis und Akzeptanz an die Stelle dieser Gedanken zu setzen. Lerne, andere Menschen für das zu schätzen, was sie sind, statt nach ihren Fehlern zu suchen.

23

Für Gottes Liebe

Auf den Emporen des Mailänder Doms finden sich unzählige Heiligenfiguren aus edlem, hellem Marmor. Ihr Schöpfer, ein hingebungsvoller Bildhauer, war gerade in seine Arbeit vertieft, als er Besuch von einem Freund erhielt.

»Ich verstehe nicht, wie du deine Kunst an einen solchen Ort verschwenden kannst. Hier oben, in diesen versteckten Emporen, wird kein Mensch deine Statuen jemals zu Gesicht bekommen. Man wird dein Werk überhaupt nicht zu würdigen wissen. Das ist doch ein Jammer, findest du nicht?«

»Mir reicht es, zu wissen, dass du sie schätzt«, sagte der Künstler lächelnd und meißelte weiter an einem Block.

»Und was wäre, wenn ich nicht die ganzen Stufen hinaufgestiegen wäre, um mir deine Arbeiten anzusehen?«, entgegnete der Freund.

»Mein Freund«, sagte der Künstler, ließ von seiner Arbeit ab und wandte sich dem Mann zu, um ihm in die Augen zu sehen, »Gott und seine Engel sehen sie bestimmt, und das genügt mir.«

Was immer du tust, denke dabei an Gott.
Arbeite nicht für einen Lohn, sondern für
Gottes Liebe.

J. P. Vaswani

Das rät dir Dada Vaswani

Lerne, Gottes Gegenwart zu spüren, wenn du dich unsicher, ungeliebt oder ängstlich fühlst, wenn du das Gefühl hast, niemand versteht dich, oder wenn du dich nicht dazu in der Lage fühlst, einer Herausforderung zu begegnen. Spüre Gottes Gegenwart, halte seine Hand und er wird dich niemals im Stich lassen.

24

Ein Opfer
für die Heimat bringen

Als Lal Bahadur Shastri Premierminister von Indien war, stand das Land infolge eines Konflikts mit einem Nachbarstaat vor einer akuten Krise. Zu dieser Zeit war Indien noch nicht die aufstrebende Wirtschaftsmacht, die es heute ist. Es war ein armes Land, dem aufgrund der immens steigenden Verteidigungsausgaben ein enormes Haushaltsdefizit drohte.

Lal Bahadur Shastri war nicht nur ein integrer Politiker und visionärer Staatsmann, er war auch ein Anhänger Gandhis, einem Mann von edlem Charakter. Shastri wandte sich an sein Volk, an die Familien, Unternehmen, Arbeiter und Bauern und forderte sie alle dazu auf, auf eine Mahlzeit pro Woche zu verzichten. Er wählte Montagabend als den Tag aus, an dem die ganze Nation geschlossen fasten sollte. Das Geld, das durch die entbehrte Mahlzeit eingespart würde, sollte in den sogenannten Nationalen Verteidigungsfonds fließen. Fortan schlossen alle Hotels, Restaurants, Kantinen und Snackbars montags um achtzehn Uhr. Sogar an Imbissständen in Bahnhöfen wurde kein Essen mehr angeboten und verkauft. In Millionen von Haushalten wurde montagabends nicht gekocht. Großeltern, Mütter und Väter, junge Männer und Frauen, Studenten, Mädchen und Jungen waren stolz auf diese eine Mahlzeit zu verzichten und einen Beitrag für ihr Land zu leisten, indem sie ein individuelles Opfer brachten.

Derjenige, der gibt, was er ohne Weiteres wegwerfen würde, gibt nicht großzügig, denn zum Wesen der Großzügigkeit gehört es, Opfer zu bringen.

Henry Taylor

Das rät dir Dada Vaswani

Versuche von Zeit zu Zeit auf Luxus und Verschwendung zu verzichten.

Nimm bewusst wahr, wie es sich anfühlt, das Auto stehen zu lassen und den Bus zu nehmen, zu Fuß zu laufen, ohne Fernseher oder Fön zu sein, eine einfache Mahlzeit zu dir zu nehmen, auf die Tafel Schokolade oder deinen Lieblingsnachtisch zu verzichten. Du wirst ein Bewusstsein dafür entwickeln, wie weniger privilegierte Menschen leben, und wichtige Werte wie Disziplin und Dankbarkeit erlernen.

25

Ich brauche dich, Mama!

Mama, bitte spiel mit mir«, bettelte die kleine Deepa.

Ihre Mutter saß am Computer und arbeitete gerade an einem Bericht für ihren Chef. Ihr saß der Abgabetermin im Nacken, und sie versuchte unter Hochdruck fertig zu werden. Ablenkung war das Letzte, was sie im Moment gebrauchen konnte.

»Nicht jetzt, Süße«, sagte sie zu Deepa. »Mami hat zu tun.«

»Warum hast du immer zu tun?«

»Weil ich viel arbeiten muss.«

»Warum musst du viel arbeiten?«

»Weil ich viel Geld für uns verdienen muss.«

»Warum brauchen wir viel Geld?«

»Damit ich dir deine Lieblingsschokolade, Eis, Kuchen und Süßigkeiten kaufen kann.«

»Aber ich habe gerade gar keinen Hunger, Mama! Können wir jetzt zusammen spielen?«

Erkenne die Bedürfnisse deines Kindes; respektiere seine Wünsche.

Es sind nicht die materiellen Dinge,
die unsere Kinder von uns in Erinnerung
behalten, sondern die Gefühle, die wir
ihnen entgegengebracht haben.

Bruce Barton

Das rät dir Dada Vaswani

Schaffe ein Gleichgewicht zwischen deinem Arbeits-
und deinem Privatleben. Opfere nicht kostbare zwi-
schenmenschliche Beziehungen und liebevolle Bin-
dungen für dein berufliches Weiterkommen oder für
Nebenverdienste. Erstere überdauern letztere um ein
Vielfaches.

26

Das Unmögliche möglich machen

Es heißt, wenn wir fest entschlossen sind etwas zu tun, können wir alle Hindernisse überwinden. Mit einem festen Willen können wir praktisch alles erreichen.

David W. Hartman aus Pennsylvania wurde mit acht Jahren blind. Sein großer Traum war es, Medizin zu studieren. Die Universität jedoch, an der er sich nach dem College bewarb, ernüchterte ihn, als man ihm erklärte, dass noch nie jemand mit einer Sehbehinderung einen medizinischen Kurs erfolgreich absolviert hätte.

Doch Hartman ließ sich nicht entmutigen. Tapfer stellte er sich der Herausforderung des *Lesens*, indem er sich fünfundzwanzig medizinische Lehrbücher als Hörbücher aufnehmen ließ. Sorgfältig prägte er sich jeden einzelnen Satz des aufgenommenen Textes ein. Mit siebenundzwanzig Jahren wurde David W. Hartman der erste blinde Student, der ein Medizinstudium abschloss.

Er verdankte es einzig seiner Entschlossenheit und Willenskraft, dass sich ihm die Türen zum Erfolg öffneten.

Wenn wir dazu bereit sind, uns für unsere Ideale und Leidenschaften einzusetzen, werden unser Glaube, unser Selbstvertrauen und unsere Überzeugung selbst die hartnäckigsten Zweifel und Unsicherheiten aus dem Weg räumen. Freude und Erfolg werden stets unsere Wegbegleiter sein!

Der Unterschied zwischen dem
Unmöglichen und dem Möglichen liegt
in der Entschlossenheit des Einzelnen.

Tommy Lasorda

Das rät dir Dada Vaswani

Stärke deine Willenskraft, indem du folgende Anregungen praktisch umsetzt:

1. Bete regelmäßig zu Gott und bitte ihn, dir einen starken Willen zu schenken.

2. Verbringe Zeit mit Menschen, die einen unerschütterlichen Willen besitzen. Lasse dich nicht entmutigen, mögen die Hindernisse auch noch so unüberwindbar erscheinen.

3. Lese über außergewöhnliche Menschen, die dank ihrer Entschlossenheit und Beharrlichkeit die größten Herausforderungen gemeistert haben.

27

Der Opal,
der nicht leuchten wollte

In einem bekannten Schmuckgeschäft in Delhi betrachtete ein Tourist die Auslage. Erlesene Smaragde, Rubine und Diamanten funkelten in der Glasvitrine regelrecht um die Wette, doch seine Aufmerksamkeit erregte ein Stein, der vollkommen matt und glanzlos war.

»Er ist natürlich nicht so schön wie die anderen«, sagte der Mann, überrascht, dass der Juwelier neben all den funkelnden Steinen ein so schlichtes Stück überhaupt ausstellte.

»Einen Moment, bitte«, sagte der Juwelier, nahm den Stein aus der Vitrine und umschloss ihn mit seinen Fingern.

Als er seine Faust kurz darauf wieder öffnete und den Stein preisgab, funkelte dieser in den schier unglaublichsten Farben. Der Tourist staunte über die Verwandlung.

»Das ist ein Opal«, erklärte der Juwelier. »Man nennt ihn auch den ›empfindsamen‹ Edelstein. Hält man ihn eine Weile in der Hand, enthüllt er seine leuchtende Schönheit.«

Verhält es sich nicht ganz ähnlich mit den Gefühlen, die wir unseren Mitmenschen entgegenbringen? Die Wärme, Zuneigung und Liebe, die wir anderen schenken, lässt in allen zwischenmenschlichen Beziehungen das Beste zutage treten und zaubert uns ein freudestrahlendes Lächeln aufs Gesicht.

Zuneigung ist für neun Zehntel allen echten und dauerhaften Glücks in unserem Leben verantwortlich.

C. S. Lewis

Das rät dir Dada Vaswani

Es kann eine so kleine Geste wie ein Schulterklopfen oder eine aufmunternde Berührung am Arm sein. Die Forschung zeigt zunehmend, dass Berührungen ein starkes Mittel sind, um Gefühle zu kommunizieren.

Nimm einen einsamen Menschen in den Arm oder reiche jemandem die Hand, dem du in letzter Zeit aus dem Weg gegangen bist. Du wirst sehen, wie seine Augen vor Glück aufleuchten, und du wirst die gleiche Wärme in deinem Herzen spüren.

Nicht gebildet, aber glücklich!

Albert Schweitzer, der berühmte Arzt, Philosoph und Nobelpreisträger, begann seine humanitäre Arbeit im Hinterland von Lambarene im zentralafrikanischen Staat Gabun.

Als mit einsetzender Regenzeit einmal dringend alles Bauholz ins Trockene gebracht werden musste, aber nur wenige arbeitsfähige Männer im Krankenhaus waren, packte Albert Schweitzer selbst mit an. Er mühte sich gerade mit einem besonders schweren Balken ab, als er auf einen Mann in weißen Kleidern aufmerksam wurde.

»Heda, Kamerad«, rief er dem Mann zu. »Willst du mir nicht ein wenig helfen?«

»Ich bin ein Intellektueller«, entgegnete der Mann hochmütig, »ich trage kein Holz.«

Schweitzer musste schmunzeln. Lächelnd sagte er: »Hast du Glück. Auch ich wollte ein Intellektueller werden, aber es ist mir nicht gelungen.«

Wir sind dann am größten, wenn wir
am bescheidensten sind.

Rabindranath Tagore

Das rät dir Dada Vaswani

Bilde dir nicht zu viel auf Wissen und Bildung ein, sondern erfreue dich an der Schönheit und Einfachheit des Nichtwissens. Verbringe Zeit mit weniger gebildeten Menschen und höre ihnen aufmerksam zu. Ihre Sicht auf das Leben kann dir eine ganz neue Welt eröffnen, und du wirst einen Teil deines Stolzes ablegen. Du wirst erkennen, welch eine Last dein Ego sein kann, da du dich mühsam durch ein Leben schleppst, das eigentlich darauf wartet, von dir entdeckt zu werden.

29

Tateh Kim?*

Ein namhafter Pädagoge und Philosoph reiste einmal von Mumbai nach Delhi. Im Flugzeug neben ihm saß ein junger, intelligenter, gut aussehender Ingenieur, der auf dem Weg zu seinem ersten Bewerbungsgespräch in einem multinationalen Unternehmen war. Die beiden Männer verstanden sich auf Anhieb und unterhielten sich angeregt über verschiedene Themen.

»Wie sehen Ihre Pläne aus?«, fragte der ältere Mann seinen jungen Freund. »Ein junger, kluger Bursche wie Sie kann alles erreichen, was er sich vornimmt.«

»Nun ja, Sir, ich bin ziemlich ehrgeizig«, gab der junge Mann zu. »Ich möchte unbedingt in einem multinationalen Unternehmen anfangen und für eine Weile im Ausland arbeiten.«

»Und dann?«, fragte der ältere Mann.

»Hmm ... In ungefähr fünf Jahren möchte ich ein eigenes Haus in Mumbai besitzen. Das ist gar nicht schwer, wenn man in US-Dollar bezahlt wird, wissen Sie?«

---

* Übersetzung aus dem Sanskrit: Und dann?

»Ja, verstehe. Und dann?«

Der junge Mann wurde etwas verlegen. »Mit dreißig will ich heiraten. In unserer Gesellschaft sind Männer, die zeitweise im Ausland arbeiten, bei Mädchen aus bestem Haus und mit hoher Mitgift sehr begehrt. Ich kann mir also einfach ein Mädchen aussuchen.«

»Sehr interessant. Und dann?«

»Oh, Sir, Sie wissen schon. Eine Familie gründen, Kinder kriegen. Und die sollen dann auf die besten Schulen und Universitäten der Welt gehen! Das ist natürlich sehr teuer, trotzdem sollen sie die bestmögliche Ausbildung erhalten. Das ist meine Investition in ihre Zukunft.«

»Und dann?«

»Und dann? Mich mit einer üppigen Rente zur Ruhe setzen und das Leben genießen, was sonst?«

»Und dann?«

Der junge Mann war verwirrt. »Und dann?«, wiederholte er fragend. »Na, nichts!«

Ist das alles, woraus das Leben besteht? Geld verdienen, heiraten, Kinder kriegen, ihnen eine Ausbildung finanzieren und mehr nicht?

Wir sind damit gesegnet, als Menschen geboren worden zu sein, was nicht so einfach ist. Vergeuden wir nicht die wertvollen Momente unseres Lebens mit dem Streben nach sinnlichen Freuden.

Shankaracharya *(Meister Shankara)*

Das rät dir Dada Vaswani

Was ist das Leben? Auf diese Frage gibt es unzählige Antworten. Nimm dir Zeit, um darüber nachzudenken, was das Leben für dich bedeutet und was du gern aus deinem Leben machen würdest.

Tue anschließend einen Schritt, einen einfachen Schritt, auf deine Träume zu. Jeder noch so kleine Schritt bringt dich deinem Ziel ein Stück näher.

30

Das Beste herausholen

Ein Lehrer stellte seiner Klasse einmal eine ungewöhnliche Aufgabe. Die Kinder sollten auf ihre Tafeln ein Blatt zeichnen. Hoch konzentriert beugten sich die Schüler über ihre Pulte, kniffen die Augen zusammen, runzelten die Stirn, schoben die Zunge seitlich aus dem Mund – ihre gesamte Aufmerksamkeit galt einzig dem Zeichnen. Sie alle wollten für das perfekte Blatt gelobt werden und dafür zeichneten und verwarfen sie wie besessen.

Am Ende der Stunde ging der Lehrer mit seinem Stock herum und sah sich die Zeichnungen der Kinder an. Einer der Schüler hatte ein halbes Bananenblatt gemalt. Er bestand darauf, dass die andere Hälfte aus dem Rahmen der Tafel gefallen war. Ein anderer hatte einen Elefanten gezeichnet, weil er Elefanten mochte, wie er sagte. Dann blieb der Lehrer vor Laxmans Pult stehen. Er nahm die Tafel des Jungen in die Hand und fragte: »Was ist das?«

»Das ist ein Bobaumblatt«, sagte der Junge zögernd. Minutenlang betrachtete der Lehrer die Zeichnung. Dann sah er Laxman an. Der Junge bekam es mit der Angst zu tun und streckte eine Hand aus, da er sich sicher war, jetzt mit dem Stock geschlagen zu werden.

Der Lehrer hob die Tafel hoch und zeigte sie der ganzen Klasse. »Laxman bekommt für seine Zeichnung zehn von zehn Punkten«, sagte er. »Du wirst einmal ein großer Künstler,«, fügte er strahlend hinzu und klopfte dem Jungen anerkennend auf die Schulter.

Der Lehrer sollte recht behalten. Aus dem kleinen Jungen, der ein so lebensechtes und schönes Bobaumblatt gezeichnet hatte, wurde Indiens beliebtester Karikaturist R. K. Laxman.

Durch ihre feine Beobachtungsgabe, ihre Geduld und ihr tiefes Verständnis können Lehrer Talente erkennen. Indem sie ihre Entwicklung fördern, wirken sie an der Entstehung einer neuen und vielversprechenden Generation mit. So vieles hängt vom Lehrer und von der Mutter ab. Sie wirken an der Entstehung einer neuen Welt mit.

Die Aufgabe eines Lehrers ist es nicht,
Schüler nach seinem Bild zu erschaffen,
sondern Schüler auszubilden,
die ihr eigenes Bild erschaffen können.

Unbekannt

Das rät dir Dada Vaswani

Du musst kein Lehrer sein, um die Talente anderer Menschen erkennen zu können. Ein kleiner aufmerksamer Blick kann reichen, um ein Genie aus der Taufe zu heben. Fange heute damit an, die Begabungen deiner Freunde, Kollegen und Familienmitglieder zu erkennen. Nimm sie ernst und fördere sie.

31

Als der König
einen Diener bekniete

König Jakob II. von England war ein mächtiger Monarch. Als ihm einmal einige wichtige Dokumente abhanden gekommen waren und er sie trotz intensiver Suche nirgends finden konnte, rief er aufgeregt nach seinem Kammerdiener, um ihn zu fragen, ob er etwas über deren Verbleib wisse.

»Eure Majestät«, antwortete der Kammerdiener, »ich weiß nicht, wo sich die Dokumente befinden könnten. Ich habe sie nirgends gesehen!«

Als der König das hörte, geriet er außer sich. Er versetzte dem Diener eine schallende Ohrfeige und fuhr ihn anschuldigend an: »Das sagst du jedes Mal, wenn du etwas verlegst!«

Der arme Diener war beschämt. Er verneigte sich tief vor dem König und sagte: »Bitte verzeihen Sie, Herr.« Obwohl der Diener rein gar nichts mit dem Verschwinden der Dokumente zu tun hatte, wusste er doch, dass der König das Recht hatte ihn zu bestrafen.

Drei Tage später brachte ein Minister dem König einige Dokumente zur Durchsicht. Als der König die

Mappe aufschlug, fand er darin zu seiner großen Überraschung die dringend gesuchten Papiere. Verwirrt versuchte er nachzuvollziehen, wie die Dokumente dort hineingekommen waren. Schließlich erinnerte er sich, dass er selbst es gewesen war, der dem Minister die Papiere mit der Anweisung hatte zukommen lassen, sie sorgfältig zu lesen und das Wesentliche für ihn zusammenzufassen. Der König erinnerte sich außerdem, wie wütend er seinen Diener beschuldigt hatte, die Dokumente verlegt zu haben. Umgehend ließ er nach dem Diener rufen und bat ihn in Anwesenheit des Ministers um Verzeihung.

Der Diener war bestürzt. »Eure Majestät«, rief er aus, »Sie sind der König dieses Landes! Ich bin nur ein einfacher Diener. Wer bin ich, dass ich Ihnen verzeihen dürfte?«

»Nein, nein«, beharrte der König, »wenn du mir mein grobes Verhalten nicht verzeihst, wird Gott es auch nicht tun. Du hast dir nichts zu Schulden kommen lassen. Und selbst wenn es dein Fehler gewesen wäre, hätte ich dich niemals schlagen dürfen.« Der König nötigte den Diener schließlich dazu zu sagen: »Eure Majestät, ich verzeihe Ihnen.«

Niemand ist zu bedeutend oder zu groß, um einen anderen Menschen um Verzeihung zu bitten.

Der Schwache kann nicht verzeihen.
Verzeihen ist eine Eigenschaft des Starken.

Mahatma Gandhi

Das rät dir Dada Vaswani

Wenn du einen Fehler machst, gib ihn zu. Lerne zu sagen: »Du hattest recht, ich hatte unrecht« oder »Es war meine Schuld« oder »Ich habe einen Fehler gemacht.«

Das mag anfangs schwierig erscheinen, aber hast du es erst einmal ausgesprochen, wirst du dich gut und erleichtert fühlen. Und beim nächsten Mal wird es dir schon viel einfacher über die Lippen gehen.

32

Das Ziel vor Augen

Als Abraham Lincoln ein Junge war, arbeitete er als Knecht auf einem Bauernhof. Drei Tage pro Woche verrichtete er schwere körperliche Arbeit, um sich von dem Geld, das er verdiente, eine gebrauchte Ausgabe der Biografie George Washingtons kaufen zu können. Als es endlich so weit war, verschlang er das Buch regelrecht und sagte zu Mrs Crawford, einer Bekannten: »Ich beabsichtige nicht, das ein Leben lang zu tun – umgraben, jäten, Getreide schälen, Holz hacken und so weiter.«

»Was willst du stattdessen machen?«, fragte Mrs Crawford.

»Ich will Präsident werden«, erklärte Abraham Lincoln. »Ich werde lernen und mich vorbereiten, und die Gelegenheit wird kommen.«

Und die Gelegenheit kam und Abraham war bereit, das mächtigste Amt des Landes zu übernehmen, da er sein Ziel früh vor Augen gehabt hatte.

Es heißt, dass Gewinner Tore schießen, während Verlierer Ausflüchte machen.

Steh auf! Erwache! Und halte nicht an,
bis du das Ziel erreicht hast.

Swami Vivekananda

Das rät dir Dada Vaswani

Gehe in dich und entscheide dich für ein Ziel.

Mache jeden Tag ein paar Schritte auf dein Ziel zu. Achte darauf, dass du deine Fortschritte prüfst. Wäge dein Handeln danach ab, ob es dich deinem Ziel näherbringt oder davon entfernt. Mache dein Ziel zur treibenden Kraft in deinem Leben.

Der Grundstein
für ein geistliches Leben

Hasan saß gern am Flussufer und hörte dem Wasser beim Rauschen und Gurgeln zu.

Eines Tages, als er es sich wieder einmal an seinem Lieblingsplatz bequem gemacht hatte, sah er am gegenüberliegenden Ufer, ein Stück flussabwärts, einen Mann und eine Frau sitzen. Zwischen ihnen stand ein Krug Wein.

Während Hasan den beiden missbilligend zunickte, fragte er sich, wie man nur derart faul in den Tag hineinleben konnte.

In diesem Moment ereignete sich völlig unerwartet ein Unfall. Ein Boot, das gerade auf dem Fluss vorbeifuhr, kenterte. Hasan wurde starr vor Schreck. Der Mann am gegenüberliegenden Ufer jedoch sprang sofort ins Wasser und versuchte heldenhaft, die sieben Männer zu retten, die aus dem Boot geschleudert worden waren.

Mit großer Mühe gelang es ihm, sechs von ihnen zu retten.

Anschließend wandte er sich an Hasan und sagte zu ihm: »Wenn du dich schon für einen Heiligen hältst und dich uns anderen überlegen fühlst, dann hättest du wenigstens versuchen können, den siebten Mann zu retten.«

Hasan war verlegen.

Der Mann fuhr fort: »Die Frau, die du bei mir gesehen hast, ist meine Mutter, und in dem Krug ist heiliges Wasser.«

Beschämt warf sich Hasan dem Mann vor die Füße und rief: »So, wie Sie diese sechs Männer vor dem Ertrinken gerettet haben, so erbarmen Sie sich auch meiner. Retten Sie mich davor, in einer Flut aus Egoismus und Hochmut zu ertrinken!«

Sanft half der Mann Hasan auf, nahm ihn in die Arme und sagte: »Möge Gott deinen Wunsch erfüllen.«

Hasan lernte an diesem Tag am Flussufer eine der wichtigsten Lektionen seines Lebens: Demut.

Willst du hoch hinaus? Fange mit dem Abstieg an. Willst du einen Turm bauen, dessen Spitze bis in den Himmel reicht? Lege zunächst ein Fundament aus Demut.

Augustinus von Hippo

Das rät dir Dada Vaswani

Sage dir immer wieder:

Das Ego ist nur eine Illusion. »Ich« existiert nicht.

34

Weiter!

Während ihrer Expedition, den Nordpol zu entdecken, gerieten James Cook und seine Mannschaft in einen heftigen Schneesturm. Ihr Lager lag noch kilometerweit entfernt. Dr. Solander, ein schwedischer Naturforscher, der die Gruppe begleitete, sprach den Männern eine ernste Warnung aus. »Ich habe solche Schneestürme schon miterlebt«, sagte er, »ihr nicht. Darum hört mir gut zu, denn euer Leben hängt davon ab. Habt nur das eine Ziel im Kopf: zum Lager zurückzukehren. Eine einzige Minute Rast kann unter diesen Bedingungen lebensgefährlich sein.«

Die Männer stapften weiter. Dr. Solander hatte recht. Die Bedingungen waren in der Tat extrem. Einige Männer gerieten in Panik, andere klagten über Erschöpfung.

»Weiter!«, befahl der aufbrausende Dr. Solander. »Ihr habt hier und heute die Gelegenheit allen zu zeigen, aus welchem Holz ihr geschnitzt seid. Weiter!«

Als den Männern mehr und mehr das Blut in den Adern gefror, baten sie darum, eine Pause machen zu dürfen, da sie befürchteten, vor Anstrengung zusammenzubrechen, wenn sie weitergingen. Doch Dr. Solander wusste, dass der Wunsch nach einer Pause das erste Anzeichen dafür war, dass sich ihr Blutkreislauf verlangsamte. Jetzt nachzugeben würde ihren sicheren Tod bedeuten, darum ließ er sich nicht erweichen. Es scherte ihn nicht, dass die Männer ihn herzlos oder grausam nannten. Das Einzige, was zählte, war ihr Überleben. Also trieb er sie weiter, bisweilen mit Schlägen oder dem Bajonett.

Verbissen kämpfte sich die Gruppe durch den eisigen Wind und Schnee. Die Kälte peitschte ihnen ins Gesicht, doch in ihren Köpfen gab es nur das gemeinsame Ziel. Sie hielten durch. Nach der ersten qualvollen Stunde äußerte niemand mehr den Wunsch nach einer Pause. Auch ihre Angst, vor Entkräftung zusammenzubrechen, behielten die Männer für sich. Sie stapften weiter, angetrieben von der unerschütterlichen Kraft ihres Willens.

Letztlich war der Erfolg auf ihrer Seite. Wohlbehalten erreichten die Männer ihr Lager.

Die Welt, wie wir sie heute kennen, wurde von ein paar unverzagten Träumern geschaffen, die ihr Ziel niemals aus den Augen verloren haben, allen Herausforderungen zum Trotz.

Die Tendenz »auszuharren«, trotz aller
Hindernisse, Entmutigungen und
»Unmöglichkeiten«, – dies ist es,
was in allen Dingen die starke Seele
von der schwachen unterscheidet.

Thomas Carlyle

Das rät dir Dada Vaswani

Nimm einen negativen Gedanken, der dich regelmäßig beschäftigt, oder ein nachteiliges Verhalten, das
du immer wieder an den Tag legst, und verabschiede
dich ganz bewusst davon. Bezeichnest du dich zum
Beispiel ständig vor dir und anderen als zu dick,
nimm dir vor, das nie wieder zu tun, und was noch
wichtiger ist: Halte dich daran.

35

Gott kümmert sich

Es war einmal ein Franzose, der den Zorn Napoleons auf sich zog und in einen Kerker geworfen wurde. Von seinen Freunden und der Familie fühlte er sich völlig im Stich gelassen. Sie alle schienen ihn mit der Zeit vergessen zu haben. Einsam und verzweifelt nahm er einen Stein, den er in der Ecke seiner Zelle fand, und schrieb damit an die Wand: NIEMAND KÜMMERT SICH!

Eines Tages entdeckte er einen Pflanzentrieb, der sich durch einen Riss im feuchten Kerkerboden kämpfte. Tag für Tag wurde der Trieb ein Stück größer und reckte sich nach dem Licht, das durch das winzige Fenster oben in der Zelle fiel. Der Gefangene war von dem Schauspiel wie gebannt. Obwohl er gerade einmal so viel Wasser bekam, dass er nicht verdurstete, sparte er immer etwas davon auf, um den Trieb zu beträufeln, bis daraus eine gesunde Pflanze mit einer wunderschönen blauen Knospe geworden war. Als diese schließlich vorsichtig ihre Blätter öffnete und ihren sanft nach unten geneigten Kopf dem Sonnenlicht zuwandte, lief dem Gefangenen vor Freude und Dankbarkeit eine Träne über die

Wange. Er ging zu der Wand, strich durch, was er zuvor dort hingeschrieben hatte, und ersetzte es durch die Worte: GOTT KÜMMERT SICH!

Gott kümmert sich auf seine Art um jeden von uns. Er bringt Steine zum Schmelzen, entfesselt Stürme, er vermag sogar als Regenschauer auf uns herabzukommen. Seine Wege sind unergründlich, rätselhaft und wundervoll.

Und mag der Berg noch so steil sein –
der Herr wird ihn mit dir erklimmen.

Unbekannt

Das rät dir Dada Vaswani

Lass uns die Gaben, die Gott sich so gewissenhaft für uns ausgedacht und bereitgestellt hat, nicht als selbstverständlich betrachten. Selbst das einfachste Obst und Gemüse, das uns jeden Tag zur Verfügung steht, ist ein Geschenk unseres sorgenden und uns beschützenden Gottes.

36

Das Geheimnis des Erfolges

Hari war ein fauler Maschinenbaustudent. Er war stolz darauf, kein einziges Wort zu lernen und trotzdem die meisten Prüfungen zu bestehen, wenn auch nur mit Ach und Krach. Es gab da allerdings ein Fach, dessen Prüfung ihm Bauchschmerzen bereitete.

Er kam zu dem Schluss, dass es in diesem Fall wahrscheinlich nicht ratsam war, untätig herumzusitzen. Also ging er in die Bibliothek, lieh sich alle Bücher aus, die er zu dem Thema finden konnte, und ordnete sie zu Hause feinsäuberlich in sein Regal ein. Gut gelaunt erklärte er seinen Freunden: »Ich bin bestens für die Prüfung gerüstet.«

Seine Freunde sahen ihn überrascht an. Verwundert fragten sie ihn: »Wie kannst du so plötzlich, praktisch über Nacht, vorbereitet sein?« Und Hari antwortete unbekümmert: »Ich habe alle Bücher, die ich für die Prüfung brauche.«

Einer von Haris Freunden sah sich veranlasst, seinen grandiosen Plan ins rechte Licht zu rücken. Er sagte: »Dir sämtliche Bücher aus der Bibliothek auszuleihen reicht bei Weitem nicht aus, um dich auf die Prüfung vorzubereiten. Du musst sie lesen und dir ihren Inhalt einprägen, nur so bestehst du die Prüfung.«

Arbeit ist der Schlüssel zum Erfolg, egal, ob du Musiker oder Schriftsteller, Sportler oder Geschäftsmann bist; der einzige Weg, um etwas im Leben zu erreichen, führt über Arbeit.

Sich regen bringt Segen!

Trägheit mag reizvoll erscheinen,
aber Arbeit stellt zufrieden.

Anne Frank

Das rät dir Dada Vaswani

Es reicht nicht aus, uns spirituelle Bücher zu kaufen und zu lesen oder uns Predigten anzuhören. Wir müssen deren Inhalte anwenden. Guru Sadhu Vaswani sagt: »Religion! Wir müssen weniger darüber sprechen und uns mehr darin üben!«

37

Alles andere
als selbstverständlich

Es war einmal ein berühmter englischer Dichter, der seine Werke stets den bedeutendsten und angesehensten Menschen widmete. Das machte ihn reich und berühmt, aber auch hochmütig und egoistisch. Zu Hause richtete er kein einziges liebevolles oder anerkennendes Wort an seine Frau. Zeitlebens kritisierte er sie und hatte an allem, was sie tat, etwas auszusetzen. Dann starb sie unerwartet. Der Dichter war untröstlich. Er schämte sich, dass er ihr zu Lebzeiten nie ein Gedicht geschrieben und gewidmet hatte. »Hätte ich das doch nur gewusst«, klagte er. »Hätte ich das doch nur gewusst.«

Es heißt, das Leben sei zu kurz, um den Menschen und Dingen um uns herum zu wenig Wertschätzung und Dankbarkeit entgegenzubringen. Und es stimmt. Lasst uns nicht sparsam sein, lasst uns keine Erbsenzähler sein. Lasst uns großzügig mit Lob, Anerkennung und Unterstützung umgehen.

Die größte Schwäche vieler Menschen
liegt in ihrem Zögern anderen zu Lebzeiten
zu sagen, wie sehr sie sie lieben.

Orlando Battista

Das rät dir Dada Vaswani

Versäume keine Gelegenheit, deinen Lieben zu sagen, wie viel sie dir bedeuten, und ihnen für alles zu danken, was sie für dich tun. Verbringe deine wertvolle Zeit damit, ihnen die gebotene Aufmerksamkeit, Fürsorge, Anerkennung, Rücksicht und Liebe zukommen zu lassen.

38

Gott schläft nie

Als Tina vier Jahre alt war, verbrachte sie das Wochenende einmal bei ihrer Großmutter. Vergnügt saßen die beiden am Abend vor dem Fernseher, als ein Gewitter aufzog. Der Strom fiel aus, und in der kleinen Wohnung wurde es mit einem Mal stockfinster.

»Ich denke, wir sollten ins Bett gehen«, sagte die Großmutter nach einer Weile. »Es ist schon fast zehn Uhr.«

»Aber es ist so dunkel«, flüsterte die kleine Tina. »Ich habe Angst.«

»Das haben wir gleich«, sagte die Großmutter unbekümmert und zog die Vorhänge vor dem Schlafzimmerfenster zurück. Das Kind erhaschte einen Blick auf den Mond, der hoch am Himmel stand.

»Unsere Lichter mögen aus sein«, sagte die alte Frau, »aber schau, Gottes Licht brennt.«

»Oma«, sagte das Kind, »ist der Mond das Licht von Gott?«

»Natürlich!«

»Macht Gott sein Licht nicht aus, wenn er schlafen geht?«

»Nein, mein Liebling«, antwortete die Großmutter lächelnd. »Gott geht nie schlafen.«

Tinas Stimmung hellte sich schlagartig auf. In ihrem einfachen und wundervollen Glauben sagte das Kind: »Solange Gott wach ist, habe ich keine Angst!«

Wenn ich gehe, ist er bei mir. Wenn ich mich in den Strudel der Gesellschaft begebe, vergisst er meiner nicht, so viel ich auch im Geräusche der Welt seiner vergessen mag. In den stillen Stunden der Nacht, wenn meine Augenlieder geschlossen sind und mein Geist in Bewußtlosigkeit versunken ist, steht sein ewig wachendes Auge über mir offen.

Thomas Chalmers

Das rät dir Dada Vaswani

Nimm dir heute einen Moment ganz für dich allein. Setze dich in Ruhe hin und schreibe alles auf, woran du glaubst und worauf du vertraust. Halte alle Menschen und Situationen fest, die in deinen Augen unfehlbar, treu und verlässlich sind.

Stehen Gott oder die universelle Intelligenz auf deiner Liste?

Bewahre die Liste in deiner Geldbörse auf und nimm sie zur Hand, wenn du dich unsicher oder verloren fühlst.

39

Freunde fürs Leben

Die folgende Geschichte stammt aus dem Leben einer amerikanischen Dame, über die ich einmal in einem Buch gelesen habe. Sie wurde als bezaubernd und liebenswert und als durchweg positiver Mensch beschrieben. Selbst im Alter von vierundneunzig Jahren war sie stets freundlich, herzlich und voller Lebensfreude. Ihre Freunde fragten sie: »Was ist das Geheimnis deines langen Lebens?«

»Das ist ganz einfach«, antwortete sie. »Ich liebe das Leben! Und weil ich immer positiv denke, ist alles in bester Ordnung.«

Nach einer kurzen Pause fügte sie hinzu: »Den Großteil meines positiven Denkens verdanke ich natürlich meinen Liebhabern.«

»Deinen Liebhabern?« Die Freunde starrten sie ungläubig an. »Du hast in deinem Alter noch Liebhaber?«

»Aber sicher!«, antwortete sie vergnügt, den ungläubigen Ausdruck auf den Gesichtern der anderen sichtlich genießend. »Sie sind bis heute meine treuen Begleiter!«

»Erzähle uns von ihnen«, baten die Freunde.

Mit einem verschmitzten Funkeln in den Augen sagte sie: »Mein erster Liebhaber hilft mir jeden Morgen aus dem Bett. Sein Name ist Eiserner Wille. Mein zweiter Liebhaber begleitet mich auf jedem Spaziergang. Er heißt Arth Ritis. Arth weicht mir seit dreißig Jahren nicht von der Seite. Und meine Abende verbringe ich mit Tiger Balm. Seine Gegenwart ist eine einzige Wohltat!«

Ist diese Einstellung nicht einfach bewundernswert? Darauf kommt es im Leben an. Dank ihr bleibt sie jung, sogar mit vierundneunzig Jahren. Ihr Geheimnis? Sie sieht ihre Schmerzen und Wehwehchen als Freunde und nimmt das Leben mit Leichtigkeit.

Die einzige Behinderung im Leben ist eine negative Einstellung.

Scott Hamilton

Das rät dir Dada Vaswani

Wann immer du vor einem Problem stehst, sei es eine Krankheit, eine finanzielle Notlage oder eine Beziehungskrise, sage dir, dass du ausgewählt wurdest, um zu wachsen und zu reifen. Vertraue darauf, dass es sich um ein besonderes Geschenk Gottes handelt. Denn er weiß, dass du dich auf deine Kraft und Weisheit verlassen kannst, wenn du diese Geschenke erhältst. Sei daher dankbar für das Problem, denn Gott sieht in dir einen würdigen Kandidaten, um diese Herausforderung anzunehmen.

40

Die Mondscheinsonate

Ludwig van Beethoven war, wie wir alle wissen, einer der größten Musiker aller Zeiten. Im zarten Alter von elf Jahren begann er, erste Musikstücke zu komponieren, und bereits als junger Mann gelangte er zu Ruhm und Reichtum.

Eines Abends spazierte Beethoven an einem Schusterladen vorbei, als er jemanden eine seiner Kompositionen üben hörte. Neugierig blieb er stehen. Da hörte er ein Mädchen ausrufen: »Ich wünschte, ich könnte hören, wie ein echter Pianist dieses Stück spielt, um zu lernen, wie es wirklich klingt.«

Beethoven schmunzelte. Er ging hinein und fand ein junges Mädchen an einem Klavier sitzend vor. Sie war blind. Er bot ihr an, für sie zu spielen, und setzte sich zu ihr ans Klavier.

Das Mädchen war wie verzaubert. Ihre Begeisterung sprang auf Beethoven über, und die beiden spielten stundenlang zusammen.

Es dämmerte bereits, im Schusterladen wurde es dunkel, doch das silberne Mondlicht warf genug Licht in den Raum. Inspiriert vom Mond und von der aufrichtigen, unbefangenen Dankbarkeit des Mädchens, komponierte Beethoven seine berühmte *Mondschein-sonate.*

Wenn du anderen eine helfende Hand reichst, erhältst du Hilfe zurück.

Diejenigen, die Sonne ins Leben anderer bringen, bleiben selbst nicht im Schatten sitzen.

James M. Barrie

Das rät dir Dada Vaswani

Probiere heute einfach einmal aus, wie es ist, nett zu jemandem zu sein. Tue einem Bekannten oder sogar einem Unbekannten etwas Gutes. Es mag sein, dass deine Bemühungen mitunter niemandem auffallen, doch wenn du einem anderen Menschen einen dringenden Wunsch erfüllst, wird dich das im Gegenzug mit unvergleichlichem Glück erfüllen.

Das Geheimnis
einer glücklichen Ehe

Ein Rabbi bot in seiner Gemeinde eine spezielle Eheberatung an.

Eines Tages kam ein alter Mann zu ihm und wollte ihm einen Rat geben. »Ich kenne das Geheimnis einer glücklichen Ehe«, sagte er selbstsicher. »Es ist ganz einfach.«

Der Rabbi lächelte, wirkte jedoch nicht überzeugt. »Ich bin praktisch Experte auf diesem Gebiet«, fuhr der Mann vergnügt fort. »Ich muss es wissen, ich bin schließlich zum vierten Mal verheiratet!«

Der Rabbi war völlig perplex und sah den alten Mann fassungslos an.

Der alte Mann musste lachen und fügte schnell hinzu: »Mit derselben Frau.«

Der Rabbi atmete erleichtert auf. Der Mann erzählte, dass er und seine Frau seit fünfundvierzig Jahren verheiratet seien. Das erste Mal hatten sie geheiratet, als sie jung und sorglos gewesen waren. Das zweite Mal, während sie ihre Kinder großgezogen hatten. Das dritte Mal, nachdem die Kinder ausgezogen waren. Das vierte Mal, als sie beide in Rente gingen.

»Jede dieser Ehen verlangte andere Grundsätze«, sagte der alte Mann. »Während sich unsere Lebenssituation und die Umstände stetig veränderten, begegneten wir einander immer mit der jeweils erforderlichen Liebe, Wertschätzung und Unterstützung. Wir heirateten immer und immer wieder.«

Eine glückliche Ehe beginnt, wenn wir den Menschen heiraten, den wir lieben, und sie gedeiht, wenn wir den Menschen lieben, den wir geheiratet haben.

Tom Mullen

Das rät dir Dada Vaswani

Frische die Liebe zu deinem Partner immer wieder auf. Überrasche ihn oder sie heute, indem du etwas tust, das er oder sie nicht erwartet. Gib deinem Partner das Gefühl, etwas Besonderes zu sein. Gib ihm das Gefühl, geliebt und vor allem geschätzt zu werden.

Emotionale Intelligenz

Am Ende ihres ersten Studienjahres wurden Studenten einer Managerschule gebeten, einen Fragebogen auszufüllen. Die ersten neun Fragen beantworteten die meisten im Handumdrehen, die letzte Frage jedoch machte sie stutzig: Wie heißt die Frau, die jeden Morgen das Gebäude putzt?

Ratlos verließen die Studenten anschließend den Raum. Trotz ihrer Verwirrung sprach keiner den Professor auf die letzte Frage an. Schließlich brachte doch eine Studentin den Mut auf, den Professor zu fragen, ob die letzte Frage in das Ergebnis mit einfließe. »Aber natürlich«, antwortete er. »Wo ist das Problem?«

»Aber ...«, stotterte sie. »Was hat der Name der Putzfrau mit unserem Studium zu tun?«

Der Professor lächelte und erklärte: »Sie werden im Laufe Ihrer Karriere den unterschiedlichsten Menschen begegnen. Sie alle werden wichtig sein. Sie alle verdienen Ihre Beachtung und Wertschätzung, auch wenn Sie nichts weiter tun, als sie anzulächeln und ›Hallo‹ zu ihnen zu sagen. Diese Frage diente dazu, Sie auf diese Haltung hin zu testen.«

Behandle andere Menschen mit dem größtmöglichen Respekt. Gehe noch einen Schritt weiter und zeige dich besonders denen gegenüber großzügig, die dir untergeordnet sind. Das sagt vielleicht nicht viel über sie aus, aber es verrät viel über dich.

Wahre Größe erkennt man daran,
wie jemand seine Untergebenen behandelt;
nicht daran, wie er mit seinesgleichen
umgeht.

J. K. Rowling

Das rät dir Dada Vaswani

Schenke heute den Menschen, die für dich arbeiten, ein Zeichen deiner Wertschätzung – deiner Putzfrau, deinem Fahrer, deinen Mitarbeitern. Sage ihnen, dass du die Zusammenarbeit mit ihnen schätzt. Sage ihnen, dass du ihre Arbeit schätzt. Ja, überrasche sie und gehe ein Eis mit ihnen essen!

43

Sicher in Gottes Händen

Auf einem Langstreckenflug über den Atlantik brach eine Passagierin in Panik aus, als das Flugzeug in heftige Turbulenzen geriet. Während die Maschine hin und her schwankte, fragte sie die Flugbegleiterin panisch: »Werden wir abstürzen?«

»Natürlich nicht«, sagte die Flugbegleiterin beruhigend. »Machen Sie sich keine Sorgen. Wir sind alle sicher in Gottes Händen.«

Die Frau riss vor Schreck die Augen auf. »Grundgütiger!«, rief sie und klammerte sich an ihren Armlehnen fest. »Steht es so schlimm um uns?«

»Aber nein!«, erwiderte die Flugbegleiterin entschieden. »So gut steht es um uns.«

Wir alle sollten uns diese Haltung zu eigen machen. Wenn wir uns aufrichtig und aus tiefstem Herzen in Gottes Hände begeben, werden wir wirklich glücklich sein, komme, was da wolle.

Der Glaube ist wie ein Radar, das durch den Nebel leuchtet.

Corrie Ten Boom

Das rät dir Dada Vaswani

Singe dir immer wieder diese Zeilen vor:

»Der Geliebte ist nicht fern:
Ich fürchte mich nicht!
In seinen Armen ruhe ich gern:
Wohin? Er weiß es am Besten!«

Nimm es mit Humor

Ein Mann machte sich auf den Weg in sein Nach-barordorf, um sich dort mit Mullah Nasruddin treffen. Da die beiden zuvor fest ausgemacht hatten, wann und wo sie sich treffen wollten, wurde der Mann sauer, als er feststellte, dass der Mullah nicht zu Hause war. Wütend schrieb er an dessen Tür: DUMMER DUMMKOPF.

Als der Mullah nach Hause kam und die Worte an seiner Haustür las, lief er sofort ins Nachbardorf zum Haus des Mannes und klopfte an dessen Tür. Als der aufgebrachte Hausbesitzer öffnete, entschuldigte sich der Mullah. »Es tut mir leid, dass ich unsere Verabredung vergessen habe, aber ich wusste sofort, dass du da warst, als ich deine Unterschrift an der Tür gesehen habe.«

Gerätst du in eine Situation, in der dich jemand provozieren will, versuche das Komische daran zu finden, und nimm die Sache mit Humor. Es wird die Stimmung auflockern und die Spannung lösen.

Wir sind Meister der Worte, die ungesagt
bleiben, aber Sklaven derer, die uns
entschlüpfen.

Winston Churchill

Das rät dir Dada Vaswani

Triff dich mit einem Freund oder einer Freundin und sprich über Situationen, in denen du dich beleidigt, verhöhnt oder verletzt gefühlt hast. Wähle einen unbeschwerten, heiteren Ton, fast so, als würdest du einen Witz erzählen. Lache über die Eigentümlichkeiten des Lebens und löse dich von den Dingen, die dich emotional belasten.

45

Auge in Auge mit dem Tod

Seit jeher ist Furchtlosigkeit das Kennzeichen aller großen Denker, Märtyrer und Heiligen. Sie ist der Grund, weshalb Sokrates den Schierlingsbecher ungerührt leerte oder Mahatma Gandhi der Kugel seines Mörders mit dem Namen Gottes auf den Lippen entgegensah.

Swami Vivekananda war ein Verfechter von Mut und Stärke. Während seines Aufenthalts in den USA erreichte er mit seinen Reden über die Weisheit der indischen Rishis ein breites Publikum. Er erklärte, dass Helden allem Unheil gegenüber furchtlos seien, selbst dem Tod.

Eine Gruppe junger Ungläubiger wollte ihn auf die Probe stellen. Sie luden ihn ein, einen Vortrag an ihrer Universität zu halten, und Swami Vivekananda nahm die Einladung gern an. In seiner Rede sprach er über das Vertrauen auf Gott. Er erklärte, dass ein gläubiger Mensch ungeachtet aller Gefahren und Schwierigkeiten furchtlos sei.

Plötzlich unterbrachen laute Schüsse seine Worte. Kugeln wurden in seine Richtung abgefeuert, zischten durch die Luft und verfehlten nur knapp seine Ohren.

Im Saal brach Panik aus. Menschen liefen schreiend zu den Ausgängen, einige fielen sogar in Ohnmacht. Inmitten des Chaos jedoch blieb eine Person vollkommen ruhig und unerschrocken stehen: Swami Vivekananda. Er wusste, dass die Kugeln ihn nicht treffen würden, wenn sie nicht für ihn bestimmt waren. Waren sie hingegen für ihn bestimmt, würden sie ihn durch hundert Schutzschilde und Leibwachen hindurch treffen.

Swami Vivekananda sagte einst: »Stärke ist Leben, Schwäche ist Tod. Schwäche bringt Leid. Weil wir schwach sind, leiden wir.«

Lasst uns nicht um Schutz vor Gefahren beten, sondern um Furchtlosigkeit, wenn sie uns begegnen.

Rabindranath Tagore

Das rät dir Dada Vaswani

Setze dich intensiv mit jenen Gedanken und Bildern auseinander, die Ängste in dir auslösen. Kennzeichne sie gedanklich als ›Angst.‹ Dann stelle dir vor, sie lägen alle in deiner Hand. Wirf sie nacheinander weg, hinunter in ein tiefes Tal, wo niemand sie je wiederfinden wird.

Dann stehe auf und sage dir: »Ich stehe aufrecht, frei von allen Ängsten.«

46

Überlasse es Gott!

Zu Oliver Cromwells Offizieren gehörte ein Mann, der sich unentwegt Sorgen machte. Nicht selten traf man ihn dabei an, wie er rastlos in seinem Zimmer auf und ab ging und sich den Kopf über mehrere Dinge gleichzeitig zerbrach. Dabei spielte es keine Rolle, wie ernst die jeweilige Angelegenheit war. Schon eine Belanglosigkeit konnte ihn mit großer Sorge erfüllen. Sein treuer Diener war ein frommer Mann, der seinem besorgten und angespannten Herrn helfen wollte.

Er fragte seinen Herrn: »Stimmt es nicht, dass Gott die Geschicke dieser Welt gelenkt hat, lange bevor Sie auf ihr lebten?«

»Natürlich, das stimmt«, erwiderte der Offizier sogleich.

»Und Sie glauben, dass er sie weiterlenken wird, wenn Sie einmal gegangen sind, richtig?« Wieder nickte der Offizier zustimmend, unsicher, wohin die Unterhaltung führen würde.

»Warum hören Sie dann nicht auf, sich Sorgen zu machen, und lassen ihn sie weiterlenken, solange Sie auf der Erde leben?«, fragte der Diener.

Mache Gott allein zum Herrn über dein Leben, statt es deinen Sorgen, Befürchtungen und Ängsten zu überlassen.

Sorgen nehmen dem Morgen nicht seine Probleme; sie berauben das Heute seiner Freude.

Leo Buscaglia

Das rät dir Dada Vaswani

Atme tief ein. Dann atme tief aus und sage laut:

»Loslassen. Loslassen. Gott überlassen.«

Wiederhole diese Worte immer und immer wieder.

Lasse heute all deine Probleme und Ängste los.

Überlasse sie Gott, überlasse Gott die Führung, sodass du dich leicht und sorgenfrei fühlst.

Lebe im Hier und Jetzt

Wenn wir geistig abgelenkt sind, fällt es uns oft schwer, effizient und effektiv zu arbeiten, was wiederum dazu führt, dass wir nicht immer die besten Ergebnisse erzielen. Mit diesem Wissen im Hinterkopf lehrte ein Zen-Meister seinen Schüler, die richtige Einstellung zum Leben und zum Arbeiten zu entwickeln.

»Wie kann ich mich auf meiner Suche nach der Wahrheit geistig disziplinieren?«, fragte der Schüler seinen Meister.

»Du musst dich trainieren«, antwortete der Meister.

»Wie kann ich mich trainieren?«

»Du musst essen, wenn du Hunger hast. Du musst schlafen, wenn du müde bist.«

Der Schüler war irritiert. Es steckte sicher mehr hinter den Worten des Meisters. Bestimmt hatte er ihn nur nicht richtig verstanden. »Aber das machen doch alle Menschen«, sagte er. »Wollen Sie damit sagen, dass das ausreicht, um sich zu disziplinieren?«

»Aber genau das machen die meisten Menschen eben nicht. Wenn sie essen, erledigen sie nebenbei noch hundert andere Dinge. Wenn sie schlafen, träumen sie von Millionen von Sachen. Das meine ich nicht, wenn ich von Training spreche.«

Trainiere deinen Geist, übe ihn darin, in der Gegenwart zu leben, im Hier und Jetzt, egal, ob du gerade arbeitest, isst oder schläfst.

Viele von uns lassen die Gegenwart von der Vergangenheit in den Hintergrund drängen. Wir vertun unsere Zeit damit, ständig in die Vergangenheit zu blicken. Wir klammern uns so an Vergangenes, das wir bereuen, oder an Zukünftiges, das uns Angst macht, dass kein Platz bleibt, um an die Gegenwart zu denken.

Hole das Beste aus dem Heute heraus.
Die Zeit bleibt für niemanden stehen.
Das Gestern ist Geschichte. Das Morgen
ist ein Geheimnis. Aber das Heute ist ein
Geschenk.

Alice Morse Earle

Das rät dir Dada Vaswani

Wann immer du dich dabei ertappst, dass du mit deinen Gedanken in die Vergangenheit abschweifst oder dir Sorgen um die Zukunft machst, hole sie zurück in die Gegenwart und wiederhole mehrmals die Worte »Hier und Jetzt.«

Lerne dich auf die Gegenwart zu konzentrieren, statt dich mit der Vergangenheit oder der Zukunft aufzuhalten; es ist vergeblich.

48

Zeitmanagement

Ein Professor wollte seinen BWL-Studenten veranschaulichen, wie wichtig das richtige Zeitmanagement im Leben ist. Dafür brachte er ein riesiges Glas in seine Vorlesung mit sowie eine Tasche mit allerlei Gegenständen.

Als erstes befüllte er das Glas mit einem Dutzend größerer Steine, bis es ganz voll war. Dann wandte er sich an seine Studenten und fragte: »Ist noch Platz im Glas?«

Die Studenten antworteten im Chor: »Nein!«

Der Professor sagte nichts. Er nahm eine Handvoll Kieselsteine aus seiner Tasche und ließ sie in das Glas regnen. Sie füllten den Platz zwischen den oberen Steinen. Er rüttelte ein wenig an dem Glas, und nachdem die Kieselsteine nach unten gerutscht waren, füllte er weitere nach.

Wieder fragte er: »Ist noch Platz im Glas?«

Diesmal ging ein Murmeln durch die Reihen, und die Studenten tuschelten untereinander: »Vielleicht passt ja noch etwas hinein.«

Wieder sagte der Professor nichts. Er ließ Sand in das Glas rieseln. Abermals rüttelte er an dem Glas und schüttete mehr Sand hinein. Dann ließ er Wasser hineinfließen.

Anschließend fragte er seine Studenten: »Was glauben Sie, ist der Zweck dieser Demonstration?«

Einer der Studenten antwortete schnell: »Egal, wie voll unser Terminkalender ist, es passt immer noch etwas hinein, wenn wir uns nur genug anstrengen.«

Der Professor schüttelte den Kopf. »Was ich Ihnen mit dieser Demonstration wirklich veranschaulichen will, ist, wenn Sie die großen Steine nicht zuerst hineinfüllen, kriegen Sie sie niemals hinein.«

Wofür stehen die großen Steine? Sie stehen für die Zeit, in der wir beten und mit Gott reden, für die Zeit, die wir mit unserer Familie und unseren Kindern verbringen, die wir in eine gute Sache investieren und in der wir Menschen helfen, deren Nöte größer sind als unsere eigenen.

Der Professor fasste zusammen: »Nehmen Sie sich Zeit für den Sinn des Lebens. Alles andere sind Kieselsteine und Sand.«

Es genügt nicht, nur fleißig zu sein – das sind die Ameisen. Die Frage ist vielmehr: Wofür sind wir fleißig?

Henry David Thoreau

Das rät dir Dada Vaswani

Nimm ein Blatt Papier und unterteile es in vier Teile: Versieh jeden Teil mit einer der folgenden Überschriften:

Wichtig und dringend

Wichtig, aber nicht dringend

Nicht wichtig, aber dringend

Nicht wichtig und nicht dringend

Nun ordne alle deine Aufgaben einer Kategorie zu. Es wird dir dabei helfen, dich auf die vordringlichen Bereiche zu konzentrieren und sie erfolgreich umzusetzen.

49

Von Mensch zu Mensch

In einer namhaften Firma sollte die Stelle des Personalleiters neu besetzt werden. Während des Vorstellungsgesprächs mussten sich die Bewerber mit folgender Situation auseinandersetzen:

Sie fahren mit Ihrem Auto durch eine stürmische Nacht. Im strömenden Regen kommen Sie an einer Bushaltestelle vorbei, an der drei Menschen auf den Bus warten:

- eine alte Frau, die aussieht, als würde sie jeden Moment sterben,

- ein alter Freund, der Ihnen einst das Leben gerettet hat,

- der perfekte Partner: der Mann/die Frau Ihres Lebens.

Wen würden Sie mitnehmen, wenn Sie wüssten, dass nur eine Person in Ihrem Auto Platz hat?

- Sie könnten die alte Frau mitnehmen, da sie kurz davorsteht zu sterben, und deshalb als Erste gerettet werden sollte.

- Oder Sie könnten den alten Freund mitnehmen, weil er Ihnen einst das Leben gerettet hat und dies die ideale Gelegenheit wäre, sich zu revanchieren.

- Allerdings könnte die Chance, dem perfekten Partner zu begegnen, vielleicht niemals wiederkommen.

Der Bewerber, der die Stelle schließlich bekam, tat sich leicht mit der Antwort.

Was er geantwortet hat? Er sagte ganz einfach: »Ich würde meinem alten Freund die Autoschlüssel anvertrauen und ihn bitten, die alte Frau ins Krankenhaus zu fahren. Ich selbst würde an der Haltestelle zurückbleiben und zusammen mit der Frau meiner Träume auf den Bus warten.«

Durch Geistesgegenwart in unvorhergesehenen Situationen zeigt sich, wie mutig der Mensch von Natur aus ist.

James Russell Lowell

Das rät dir Dada Vaswani

Mache folgende einfache Visualisierungsübung, um glückliche und erfüllende Beziehungen zu führen:

> Setze dich bequem hin und lenke deine Aufmerksamkeit sanft auf deine Atmung. Erweitere langsam den Radius deines Bewusstseins. Während der Atem in deine Lungen strömt, fange an, dir eine große Eiche vorzustellen. Du bist ein Ast dieses Baumes. Es gibt noch viele weitere Äste, die sich alle voneinander unterscheiden, dennoch sind sie alle mit dem gleichen Stamm und den gleichen Wurzeln verbunden.

Sie sind die Beziehungen, die wir führen. Wir alle sind anders, und doch sind wir Teil des gleichen Baumes.

> Gib jedem Ast deines Baumes den Namen eines Menschen, den du kennst. Dann gehe zu fremden Menschen über: Auch sie sind Teil des gleichen Stamms, der gleichen Wurzeln. Wie kann einer der Äste denken, er sei isoliert? Wir alle sind miteinander verbunden. Mit dieser Erkenntnis lasse dein Bewusstsein langsam in die Gegenwart zurückkehren.

50

Das Wesen
der Bhagavad Gita

Ein gelehrter Professor bat um ein Gespräch mit Mahatma Gandhi in dessen Aschram. Nachdem er ihm seine Aufwartung gemacht hatte, sagte er: »Es heißt, Sie haben die Lehre der Bhagavad Gita verinnerlicht. Können Sie mir bitte das Wesen der Bhagavad Gita erklären?«

Gandhi sah den Gelehrten an und erwiderte: »Professor, können Sie mir einen Gefallen tun?«

»Ja, natürlich«, antwortete der Professor.

Gandhi deutete auf eine nicht unwesentliche Anzahl von Ziegelsteinen, die in einer Ecke des Hofes aufgestapelt lagen. »Können Sie diese Ziegelsteine bitte auf die gegenüberliegende Seite tragen?«

»Aber … aber …«, stotterte der Mann. »Ich habe Ihnen eine ernstzunehmende Frage gestellt, auf die, so glaube ich, nur Sie eine Antwort wissen!«

»Ja, ja, darüber sprechen wir später. Wenn Sie jetzt so freundlich wären, die Ziegel auf die andere Seite zu tragen?«

Der Professor war verwirrt, doch in seinem Eifer, Mahatmas Wunsch Folge zu leisten, trug er die Ziegel über den Hof und stapelte sie, wie gewünscht, auf der gegenüberliegenden Seite wieder auf.

Schwitzend kehrte er zu Gandhi zurück und bat ihn zu schauen, ob das Ergebnis seinen Vorstellungen entsprach.

»Aber dorthin wollte ich sie nicht haben«, erklärte Gandhi. »Als ich ›gegenüberliegend‹ sagte, meinte ich nicht auf die andere Seite, sondern diagonal gegenüber – dorthin, in die nördliche Ecke.«

»Verstanden«, seufzte der Professor. »Ich werde das sofort erledigen.«

Diesmal ächzte und schnaubte der Mann, während er die Ziegelsteine über den Hof trug. Mit aufgeschürften Händen, schmerzenden Schultern und steifem Rücken kehrte er zu Gandhi zurück.

»Die Arbeit ist erledigt«, keuchte er. »Wenn Sie mir jetzt freundlicherweise meine Frage …«

»Dort drüben, in dieser Ecke, versperren sie den Eingang zum Garten«, sagte Gandhi gelassen. »Meinen Sie, Professor, Sie könnten sie in der östlichen Ecke aufstapeln?«

»Aber dort standen sie doch ursprünglich!« Der Professor verlor die Beherrschung. »Ich bin ein Gelehrter! Ich bin mit einer ernstzunehmenden Frage zu Ihnen gekommen, und Sie behandeln mich wie einen Arbeiter. Entweder begreife ich Ihre Lehrstunde nicht, oder Sie können das Wesen der Bhagavad Gita nicht so erklären, dass andere es verstehen.«

»Mein lieber Freund«, erwiderte Mahatma Gandhi ruhig, »ich habe Sie lediglich gebeten, die zentrale Lehre der Gita praktisch zu demonstrieren. Und die lautet: Erfülle die dir zugeteilte Aufgabe, ohne dabei an irgendeine Art der Entlohnung zu denken.«

Vollziehe du das notwendige Werk.
Tätigkeit ist besser als Untätigkeit,
und selbst die Erhaltung des Körpers
gelingt dir nicht, wenn du untätig bist.

Bhagavad Gita 3, 8

Das rät dir Dada Vaswani

Erledige deine Arbeit heute mit äußerster Aufrichtigkeit. Denke dabei nicht an das Endergebnis – das Geld, die Beförderung oder das Lob deines Vorgesetzten. Erfülle die dir zugewiesene Aufgabe einfach vollkommen konzentriert; erfülle sie mit ganzem Herzen. Du wirst ein zutiefst glückliches und friedliches Gefühl verspüren, wenn du mit dieser Haltung arbeitest.

Der weiseste aller Männer

Sokrates ging einmal mit seinen treuen Schülern durch die Straßen, als eine Gruppe junger Männer auf ihn zukam und ihn mit den Worten grüßte: »Wohl dir, oh Sokrates, weisester aller Griechen!«

Sokrates musste laut auflachen und fragte die Männer: »Wer sagt denn so etwas?«

»Das Orakel hat gesprochen«, antworteten sie ernst. »Die Stimme hat gesprochen, und die Stimme hat gesagt, dass Sokrates der weiseste Mann in ganz Griechenland ist.«

»Wie kann ich der weiseste Mann in Griechenland sein?«, protestierte Sokrates. »Wie kann das sein?«

Nachdem er kurz nachgedacht hatte, fügte er hinzu: »Aber vielleicht stimmt es. Denn ich bin der einzige Mann in Griechenland, der weiß, dass er nichts weiß.«

Einen wahrhaft weisen Menschen erkennt man an seiner Demut.

Ein Mensch, der nur um sich selbst kreist,
hat einen extrem kleinen Radius.

Benjamin Franklin

Das rät dir Dada Vaswani

Hast du schon einmal die Reise eines Regentropfens verfolgt, der vom Himmel fällt? Während er herunterfällt, hat er eine eigene Identität; trifft er aber auf den Ozean, geht sie verloren. Es gibt keinen Unterschied zwischen dem Tropfen und dem Ozean. Der Tropfen ist das, was wir glauben zu sein, doch wir sind nur so lange eigenständig, bis wir eins werden mit dem Universum. In Wirklichkeit besitzen wir keine Identität; was soll also die Sache mit dem Ego?

52

Die Schlacht des Lebens

Als Napoleon in Österreich einfiel, mussten seine Truppen eine schmale Brücke überqueren, um in feindliches Gebiet vorzudringen. Seine Soldaten wurden unruhig, da der Feind bereits begonnen hatte, von der anderen Seite aus auf sie zu schießen. Auch Napoleons Kommandeur hatte Bedenken weiterzureiten, da er fürchtete in die Schusslinie zu geraten.

Napoleon dagegen hatte Nerven aus Stahl. Als er merkte, dass sein Kommandeur zögerte, entriss er ihm die Fahne, stürmte allen voran auf die enge Brücke und rief: »Los Männer, verteidigt euren Führer!«

Als die Soldaten diesen Schlachtruf hörten, gaben sie ihren Pferden die Sporen und folgten ihrem Führer. Unbeschadet überquerten sie die schmale Brücke und eroberten das Gebiet.

In jedem von uns steckt grenzenloses Potenzial. Alles, was wir tun müssen, ist es zu entfesseln.

Aufgeben kann jeder, es ist die einfachste
Sache der Welt. Aber durchzuhalten,
wenn jeder verstehen würde, dass man
aufgibt, das ist wahre Stärke.

Unbekannt

Das rät dir Dada Vaswani

Wann immer du vor einer Herausforderung stehst,
die dir unüberwindbar erscheint, sage dir: »Gott und
ich sind größer als dieses Problem. Es gibt nichts,
womit Gott und ich nicht gemeinsam fertig werden.«
In dem festen Glauben, dass Gott bei dir ist, stelle
dich unerschrocken jedem Problem.

53

Erfolg kennt keine Abkürzungen

Es war einmal ein Derwisch, ein frommer Mann, der sehr arm war. Tagsüber arbeitete er schwer, um sich seinen Lebensunterhalt zu verdienen, abends saß er bis spät in die Nacht hinein mit einer Öllampe vor seinen Büchern und las. Er wünschte sich nichts mehr, als ein gebildeter Mann zu werden.

Eines Abends, als er sich gerade an seinen Schreibtisch setzen wollte, stellte er fest, dass kein Öl mehr in seiner Lampe war. Ihm war klar, dass er zu dieser späten Stunde nirgends mehr Öl bekommen würde. Enttäuscht darüber, den Abend untätig verstreichen zu lassen, ging er ins Bett.

In dieser Nacht hatte er einen Traum. Prophet Mohammed erschien ihm darin und sagte zu ihm: »Sei nicht deprimiert, mein Junge. Es gibt keinen Grund, traurig zu sein. Öffne einfach deinen Mund und ich werde dir die gesamte Weisheit der Welt hineingießen. Du wirst der klügste aller Männer sein.«

Was hat der Derwisch wohl geantwortet? In seinem Traum hörte er sich sagen: »Ich will kein Wissen von euch geschenkt bekommen. Alles, was ich möchte, ist ein bisschen Öl für meine Lampe, damit ich lesen

kann. Ich will kein Wissen, ohne mich dafür anzu-
strengen. Ich will aus eigener Kraft lesen und lernen
und Wissen erlangen.«

Wir sollten aufhören, nach Abkürzungen für alles
zu suchen.

*Helden wissen, dass es keine Abkürzungen
gibt, um ganz nach oben zu kommen.
Sie besteigen den Berg Schritt für Schritt.
Sie können mit Hubschraubern nichts
anfangen.*

Judi Adler

Das rät dir Dada Vaswani

Beginne den Morgen, indem du Gott für das Geschenk eines schönen neuen Tages dankst. Bete zu
ihm, bitte ihn, deinen Tag mit unerschöpflicher Begeisterung, Willenskraft und Entschlossenheit zu fül-
len. Es sind die drei begehrtesten und kostbarsten
Geschenke Gottes.

54

Der Kreislauf des Glücks

Dies ist die wahre Geschichte eines bescheidenen Nachtportiers namens George, der in einem kleinen Hotel arbeitete. Abend für Abend kam er seiner gewohnten Pflicht nach, dabei war er selbst alles andere als gewöhnlich. George war ein integrer Mitarbeiter. Er war ein echter Gentleman, der zu seinem Wort stand. Er war zuverlässig und ehrlich. Er war von Natur aus freundlich, zuvorkommend, aufmerksam und hilfsbereit. Er war stets aufrichtig. Er scheute keine Mühen, so vielen Menschen zu helfen, wie er nur konnte. Man kann ohne Umschweife sagen, dass George ein wirklich außergewöhnlicher Mensch war.

Eines regnerischen Abends kam ein älteres Paar in das Hotel und fragte nach einem Zimmer. Unglücklicherweise war kein einziges Zimmer mehr frei. Unser Portier hätte einfach erwidern können: »Wir haben kein freies Zimmer mehr.« Er hätte sogar entgegnen können: »Wie kommen Sie darauf, ohne Reservierung ein Zimmer in unserem Hotel zu bekommen? Wir sind so gut wie immer ausgebucht.« Aber da George nun einmal war, wie er war, reagierte er anders. Er sah erst das ältere Paar an, dann schaute er hinaus in die Nacht und in den strömenden Regen. Wie kann dieses alte Paar bei diesem schlechten Wetter nur nach einem Zimmer suchen?, fragte er sich.

Lächelnd wandte er sich den beiden zu und meinte: »Wir haben momentan kein Zimmer im Hotel frei, aber wenn Sie kurz warten möchten, dann schaue ich, was ich für Sie tun kann.« Er rief nach dem Hausmädchen und sagte: »Mary, geh und richte mein Zimmer her. Räume es auf und mache es gemütlich. Ich möchte ein älteres Ehepaar über Nacht bei mir aufnehmen.«

Nach einer Viertelstunde kam das Hausmädchen zurück und teilte ihm mit: »Sir, das Zimmer ist fertig. Es ist warm und gemütlich.«

Der Nachtportier begleitete das Paar zu seinem Zimmer. Entschuldigend sagte er: »Das Zimmer, zu dem ich Sie bringe, ist sicher nicht das Beste in unserem Hotel, aber ich hoffe, dass Sie es bequem, sauber und ordentlich finden werden. Fühlen Sie sich wie zu Hause. Ich werde Ihnen eine Kanne mit heißem Tee bringen lassen, bevor Sie schlafen gehen.«

Das dankbare Paar verbrachte eine geruhsame Nacht in dem Zimmer. Mehrere Monate vergingen, und der Portier vergaß den Vorfall. Für ihn war es keine außergewöhnliche Geste gewesen. Solche oder ähnliche Dinge tat er ständig.

Währenddessen wurde in New York ein großes neues Hotel gebaut, das als das berühmte Waldorf

Astoria Hotel bekannt werden sollte. Es wurde von einem Mann namens John Jacob Astor gebaut. Als es Zeit wurde, nach einem geeigneten Hoteldirektor zu suchen, sagte er: »Ich muss keine Stellenanzeige für diesen Posten aufgeben. Ich kennen jemanden, der meines Erachtens perfekt dafür geeignet ist.«

Und wer war das? Kein anderer als unser Nachtportier, der dem Paar in dieser schicksalhaften regnerischen Nacht einen Gefallen getan hatte, nichtsahnend, dass es sich dabei um Mr und Mrs Astor gehandelt hatte. Für ihn war es selbstverständlich zu helfen, wenn seine Hilfe gebraucht wurde.

Der Nachtportier freute sich sehr über das überraschende Angebot. Nach der Enge eines kleinen, bescheidenen Hotels fand er sich plötzlich als Direktor eines riesigen, weltbekannten Hotels wieder. Er hatte Erfolg, weil er sich die Mühe machte, anderen Menschen zu helfen. Er gab sein Bestes, um anderen behilflich zu sein, und Gott half ihm dabei, die schwindelerregenden Höhen des Erfolges zu erklimmen.

Indem wir anderen helfen, helfen wir uns selbst, denn alles Gute, das wir geben, schließt einen Kreis und kommt zu uns zurück.

Flora Edwards

Das rät dir Dada Vaswani

Mache jeden Abend eine »Gewinn- und Verlustliste«.

Jede noch so kleine Geste, jeder Gefallen und all die Liebe, die du anderen entgegengebracht hast, sind deine Gewinne. Jeglicher Kummer, den du anderen bewusst oder ungewollt zugefügt hast, all die harschen Worte, die dir entschlüpft sind, sowie jede Lüge, Beurteilung oder Eifersucht deinerseits sind deine Verluste.

Solange die Gewinne höher sind als die Verluste, war es kein verlorener Tag.

55

Gottes Fußspuren

Ein atheistischer französischer Wissenschaftler durchquerte mit Hilfe eines arabischen Führers die Sahara. Der Araber war ein frommer Mann, der an Gott und die Kraft der Gebete glaubte. Jedes Mal, wenn ein Sandsturm aufzog und die Männer den Weg aus den Augen verloren, kniete der Araber nieder und bat Gott, ihnen die Richtung zu weisen.

Den Wissenschaftler nervte das. »Mit wem glauben Sie da eigentlich zu sprechen?«, fragte er verächtlich. »Woher wissen Sie überhaupt, dass es einen Gott gibt?«

Der Araber ließ sich von der Frage nicht beirren. Ernst stellte er dem Franzosen eine Gegenfrage. »Woran erkennen Sie, ob nachts jemand an Ihrem Zelt vorbeigegangen ist?«

«Na, an den Fußspuren im Sand«, antwortete der Atheist.

»Ganz genau. Ich sehe Gottes Fußspuren in der Sonne, im Mond und in den Sternen«, erwiderte der Araber. »Sie bekunden seine Größe und seine Stärke! Seine Gegenwart bewahrt mich davor, dass die Angst die Oberhand gewinnt.«

Die grenzenlose Natur und der allgegenwärtige Gott lassen sich nicht voneinander unterscheiden.

aus »Atharvaveda«, eine der
heiligen Textsammlungen des Hinduismus

Das rät dir Dada Vaswani

Der Mond nimmt in gleichmäßigen Phasen ab und zu. Die Sonne geht in einem regelmäßigen Zyklus auf und unter. Die Erde und die anderen Planeten umkreisen die Sonne mit perfekter Geschwindigkeit. Die Jahreszeiten wechseln zu festgelegter Zeit, und zahllose Tierarten bestehen nebeneinander in einem fortlaufenden Schöpfungskreislauf. Selbst die Entwicklungsstufen des Menschen folgen einem präzisen Rhythmus: Geburt, Kindheit, Jugend und Erwachsenenalter.

Gott ist die gewaltige Kraft hinter diesem unaufhörlichen Fluss der Schöpfung! Lerne, seine Gegenwart zu erfahren.

56

Die alles verändernde
Kraft der Liebe

Ein College-Professor betraute seine Studenten mit folgender Aufgabe: Sie sollten in die Slums gehen und die Biografien von zweihundert Jungen aufzeichnen. Anschließend sollten sie schriftlich festhalten, wie sie deren Zukunft einschätzten. Jahre später schickte der Professor eine neue Gruppe Wissenschaftler los, um nachzuforschen, was aus den Jungen geworden war. Die Studenten fanden heraus, dass mit Ausnahme von zwanzig Jungen, die weggezogen oder vom rechten Weg abgekommen waren, alle überdurchschnittlich erfolgreich geworden waren, sei es als Anwalt, Arzt oder sogar als Unternehmer.

Der Professor war von dem Ergebnis überrascht und beschloss, der Sache weiter nachzugehen.

»Wie erklären Sie sich Ihren Erfolg?«, wurden die Männer gefragt. Jeder einzelne von ihnen gab die gleiche herzliche Antwort: »Ich verdanke ihn einer Lehrerin.«

Die Lehrerin lebte noch, und der neugierige Professor machte sie ausfindig. Er fragte die ältere, immer noch aufgeweckte Dame, wie sie es geschafft hatte, all diese Jungen aus den Slums zu holen und zu solchem Ehrgeiz anzuspornen.

Die Augen der Lehrerin funkelten, und sie lächelte sanft. »Das ist ganz einfach«, sagte sie. »Ich habe diese Jungs geliebt.«

Liebe hat die magische Kraft, aus jedem von uns das Beste herauszuholen.

Am rauesten Ort der Welt findet die Liebe einen Weg.

aus »Die Reise der Pinguine«

Das rät dir Dada Vaswani

Versuche drei Dinge, um bedingungslos zu lieben:

1. Werde unvoreingenommen; akzeptiere einfach jeden.

2. Fühle dich in den Schmerz und die Probleme anderer ein.

3. Erkenne das innere Licht in jedem; es kann vielerlei Gestalt haben, doch es ist immer dasselbe Licht.

Der Faktor Mensch

Es gibt eine amüsante Geschichte über den berühmten Autor Somerset Maugham. Seine Bücher wurden in Spanien veröffentlicht und verkauft, doch nach spanischem Gesetz war es ihm zur damaligen Zeit nicht erlaubt, seine enormen Lizenzeinnahmen außer Landes zu bringen.

Also beschloss Maugham, das ganze aufgelaufene Geld in Spanien auszugeben, indem er Urlaub in einem der berühmtesten und luxuriösesten Hotels des Landes machte. Er reiste in das noble Hotel, nahm sich die beste Suite, bewirtete sich und die anderen Gäste fürstlich und verbrachte einen herrlichen Urlaub. Als er sich ziemlich sicher war den Großteil des Geldes verprasst zu haben, bat er um die Rechnung und gab an der Rezeption Bescheid, dass er in ein paar Tagen abreisen wolle.

Noch am gleichen Nachmittag stattete ihm der Direktor des Hotels einen Besuch ab. Maugham wurde höflich mitgeteilt, dass er keine Rechnung zu bezahlen habe. Seine Anwesenheit im Hotel war für den Besitzer eine Prestigefrage; Hunderte Besucher waren durch Maughams Besuch in das Hotel gelockt worden. Die Zeitungen hatten ausgiebig über seinen Aufenthalt berichtet. Die Werbung, die er ihnen beschert hatte, war beachtlich. Unter keinen Umständen würden sie einem Gast etwas berechnen, der ihnen so viel Glück und Profit gebracht hatte!

Die Spanier wissen, wie man einen Menschen würdigt. Und Maugham steckte weiter in dem Dilemma, dass er nicht wusste, wohin mit seinem in Spanien verbliebenen Geld.

Ein Faktor, den wir alle unterschätzen, unterbewerten und zu wenig nutzen, ist zweifelsohne der Faktor Mensch. Lob hilft den Menschen, ihr Selbstwertgefühl wiederherzustellen und zu stärken.

Menschen sind wie ungeschliffene
Diamanten: Unter einer rauen Schale
verbergen sich oft glänzende Eigenschaften.

Unbekannt

Das rät dir Dada Vaswani

Suche dir Freunde mit kreativem Potenzial und unternimm Dinge mit ihnen, die ihre Talente fördern. Nimm dir zudem Zeit für dich selbst und widme dich ein paar Stunden pro Woche einer kreativen Beschäftigung. Stress wird sich an dir die Zähne ausbeißen.

58

Wirklich glücklich sein

Als der berühmte persische Dichter Saadi sechs Jahre alt war, nahm ihn sein Vater, ein Derwisch, mit in die Moschee zu einer Vigil, einer Nachtwache. Während die Nacht hereinbrach, stellte Saadi fest, dass immer mehr Menschen um ihn herum einschliefen. Sogar der Mullah nickte ein. Einzig Saadi und sein Vater waren noch wach.

»Vater«, flüsterte der Junge seinem Vater zu, »nur du und ich halten die Vigil. Alle anderen sind eingeschlafen.« Saadis Vater ermahnte ihn. »Du verlässt besser die Vigil und gehst schlafen, statt hier wach zu sitzen, andere zu kritisieren und dich für etwas Besseres zu halten.«

Wenn ich andere Menschen kritisiere, betrachte ich mich selbst als überlegen, als etwas Besseres. Das ist Hochmut; das ist Egoismus. Um wirklich glücklich zu sein müssen wir ihn überwinden.

Richtet nicht, damit ihr nicht gerichtet
werdet! Denn wie ihr richtet, so werdet ihr
gerichtet werden, und nach dem Maß,
mit dem ihr messt und zuteilt, wird euch
zugeteilt werden. Was siehst du den Splitter
im Auge deines Bruders, aber den Balken in
deinem Auge bemerkst du nicht?

Matthäus 7, 1–3

Das rät dir Dada Vaswani

Verbanne jeden Gedanken, der dir eine zu hohe Meinung von dir selbst einflößt. Hochmut ist ein sehr subtiler und zugleich hinterlistiger Feind, der dich verschlingen kann, wenn er sich in dir festsetzt. Ersetze diese Gedanken durch Demut und bezwinge das Ego. Die Bibel ermahnt uns, so demütig wie Asche und Staub zu sein. Worauf sind wir stolz? Lege die Arroganz ab und werde dir sowohl deiner Stärken als auch deiner Schwächen bewusst.

Was wir wirklich besitzen

In einem Gespräch mit einer Gruppe seiner Schüler bat der Prophet Mohammed darum, von jedem zu erfahren, was er besaß.

Der erste, ein reicher Geschäftsmann namens Hadrat Omar, antwortete: »Ich habe eine Frau und Kinder, reichlich Vermögen und einiges an weltlichem Besitz, wie es sich für einen Mann in meiner Position gehört.«

Die anderen gaben ganz ähnliche Antworten, bis Hadrat Ali an der Reihe war. Ali erklärte: »Meister, ich besitze nur Gott und den Propheten. Abgesehen davon habe ich nichts.«

Mohammed sagte zu den anderen: »Ali kennt die Wahrheit, denn weltlicher Besitz ist praktisch ohne Bedeutung. Wir können ihn nicht mit ins Jenseits nehmen. Binden wir uns daran, führt das nur zu Kummer und Leid. Das ist das Schicksal derer, die voller Liebe für die Welt sind. Die wahren Anhänger Gottes jedoch haben sich von allen irdischen Reichtümern losgelöst. Sie sind stets in Meditation über den Geliebten versunken. So überschreiten sie das Reich der Geburt und des Todes.«

Wer gelassen und echt sein will, braucht nur eins: Loslösung.

Meister Eckhart

Das rät dir Dada Vaswani

Finde heraus, an welchen Dingen du im Leben besonders hängst.

Wähle einige davon aus und versuche, eine Woche ohne sie auszukommen.

Gib nie, nie, nie auf!

Ein Hobbyschriftsteller gab unglücklich und deprimiert die Hoffnung auf, jemals einen Verlag zu finden, der seine Arbeit veröffentlichen würde. Zutiefst frustriert warf er sein Manuskript in den Mülleimer.

Als seine Frau es dort fand, nahm sie es heraus und legte es vor ihn auf den Tisch. »Mein lieber Norman, du kannst nicht aufgeben. Deine Arbeit wird Beachtung und ganz sicher auch Anerkennung finden. Bemühe dich weiter!«

Der Autor war Norman Vincent Peale, und der Titel seines Buches lautete ironischerweise *Die Kraft positiven Denkens*. Es sollte ein internationaler Bestseller werden.

Ein positiv denkender Mensch stellt sich tapfer einem Problem nach dem anderen und wird dessen niemals müde. Er macht aus jedem Stolperstein ein Sprungbrett. Er weiß, dass er nur scheitert, wenn er aufgibt. Und er gibt nie auf.

Ernest Hemingway erhielt für seine Erzählung *Der alte Mann und das Meer* den Literaturnobelpreis. Es heißt, er habe das Manuskript über vierzigmal überarbeitet, bevor er es dem Verlag vorlegte. Und aufge-passt: Bis heute ist eines der bedeutendsten Zitate aus diesem Klassiker folgendes: »Der Mensch ist nicht für die Niederlage gemacht.«

Ein positiv denkender Mensch gibt niemals auf. Er glaubt an drei Dinge: an Gott, an sich selbst und an die Welt um sich herum. Er weiß, dass er auf alles, was er tut, von irgendwo irgendwie eine Reaktion er-halten wird.

Mache es wie die Briefmarke: Bleibe an einer Sache dran, bis du dein Ziel erreicht hast.

Josh Billings

Das rät dir Dada Vaswani

Betrachte deine Seele als einen Garten. Sieh dir die Blumen und Pflanzen an. Wenn du Unkraut ent-deckst, was machst du? Du reißt es heraus und wirfst es weg.

Tue das Gleiche mit negativen Gedanken und Ver-sagensängsten.

Dann wird der Garten deiner Seele immer blühen und duften.

61

Fühle dich nie angegriffen

Uday Singh hatte einen Bachelor-Abschluss in Betriebswirtschaftslehre, aber keine Arbeit. In seiner Verzweiflung, irgendwie seinen Lebensunterhalt verdienen zu müssen, beschloss er allein etwas auf die Beine zu stellen. Es gelang ihm, einen bescheidenen Kredit aufzunehmen, und schließlich eröffnete er einen kleinen Laden mit verschiedenerlei Kleidung.

Am Tag der Eröffnung wartete er gespannt auf seinen ersten Kunden. Eine reiche Frau kam herein, sah sich um und murrte beim Hinausgehen: »In diesem Laden gibt es nichts als Krimskrams.« Uday war weder gekränkt noch verärgert; genau genommen war er der Frau sogar dankbar. Am nächsten Tag stellte er ein Schild vor seinen Laden, auf dem stand: »Krimskrams.«

Sein Geschäft begann zu florieren, indem er die verschiedensten Artikel verkaufte.

Betrachten wir die Dinge aus einem neuen, positiven Blickwinkel, kommt uns das enorm zugute.

Ein Pessimist sieht in jeder Gelegenheit
die Schwierigkeiten. Ein Optimist sieht
jede Schwierigkeit als eine Gelegenheit.

Winston Churchill

Das rät dir Dada Vaswani

Bist du offen für konstruktive Kritik? Lautet deine Antwort »Nein«, erwarte nicht, dass du dich entwickelst. Ist die Antwort »Ja«, sind dir keine Grenzen gesetzt. Du kannst alles erreichen, was du dir vornimmst.

Die Kraft im Innern

Ein Dorfbewohner wurde einmal von seinem reichen Cousin eingeladen, ihn in der Stadt zu besuchen. Dort angekommen war der Dorfbewohner völlig fasziniert von den elektronischen Wundern und technischen Spielereien, die er im Haus seines Cousins vorfand. Als die beiden zusammen in einen Aufzug stiegen, um in das Büro des Cousins im fünfzehnten Stock zu fahren, geriet der Dorfbewohner vor Begeisterung völlig aus dem Häuschen.

»Das ist unglaublich! Das ist ein Wunder!«, rief er. »Du bist großartig, Cousin! Du kannst uns per Knopfdruck nach oben befördern!«

Als sie etwa auf Höhe des vierzehnten Stocks waren, fiel plötzlich der Strom aus. Der Aufzug hielt an, und das Licht ging aus.

»Kannst du nicht etwas unternehmen?«, fragte der Dorfbewohner unruhig.

Da musste sein reicher Cousin zugeben, dass es genau genommen der elektrische Strom war, dem sie all diese Wunder verdankten. Ohne dessen Kraft konnte er rein gar nichts ausrichten.

Und genauso verhält es sich mit unserem Körper:

Es ist die Seele in unserem Innern, die ewig ist, unvergänglich. Unser Körper ist physisch, stofflich, vergänglich; wenn das Atman – der Geist – geht, stirbt der Körper.

Waffen verwunden ihn nicht,
das Feuer verbrennt ihn nicht,
das Wasser benetzt ihn nicht,
der Wind trocknet ihn nicht.

Bhagavad Gita 2, 23

Das rät dir Dada Vaswani

Setze dich jeden Tag einen Moment ganz in Ruhe hin und stelle dir folgende Fragen: Wer bin ich? Was ist der Zweck meines Besuchs auf dieser Welt? Woher bin ich gekommen? Wohin gehe ich?

63

Als Gandhi
tiefes Mitgefühl empfand

Gandhi und seine Frau Kasturba besuchten einmal ein Dorf im Herzen Indiens. Während Gandhi sich angeregt mit den Männern unterhielt, besuchte seine Frau – die liebevoll Baa genannt wurde – die Frauen und sprach mit ihnen über Reinlichkeit und Körperpflege.

»Ihr müsst euch jeden Tag waschen«, erklärte sie ernst, »und anschließend frische, saubere Kleidung anziehen.«

Ein arme Frau lud Baa in ihre Hütte ein und vertraute ihr dort an: »Baa, ich besitze nur das, was ich auf dem Leib trage. Wie soll ich meine Kleidung wechseln und täglich waschen?«

Baa war tief betroffen. Noch am selben Tag berichtete sie Gandhi von der Notlage der Frau.

»Was können wir für diese Menschen tun?«, fragte sie niedergeschlagen.

Normalerweise trug Gandhi auf seinen Reisen immer traditionelle indische Kleidung: Dhoti, Kurta, Angavastra und Turban. Nachdem er von der Not der Frau gehört hatte, beschloss er, fortan nur noch ein Lendentuch zu tragen, da so viele seiner Brüder und Schwestern nur die Kleidung besaßen, die sie auf dem Leib trugen.

Mitgefühl ermöglicht es dir, die Nöte und Probleme anderer Menschen so zu erleben, als wären sie deine eigenen.

Mitgefühl ist ein Aufruf, eine Mahnung der Natur, den Unglücklichen zu helfen, so wie Hunger ein natürlicher Ruf nach Essen ist.

Joseph Butler

Das rät dir Dada Vaswani

Binde dir für einen Abend einen Arm oder ein Bein ab und erledige die anfallenden Aufgaben mit dem anderen. So wirst du ein Gefühl dafür bekommen, wie viel Leid und Anstrengung behinderte Menschen jeden Tag ihres Lebens auf sich nehmen.

64

Für Gott allein

E s war einmal ein sehr frommes Mädchen. Sie war die einzige Tochter eines ungemein wohlhabenden Mannes. Sie war jung und hübsch. Sie war die Art Mädchen, nach dem sich junge Männer bewundernd umdrehten. Das Bemerkenswerte an ihr war jedoch nicht allein ihre Anmut; sie widmete sich außerdem hingebungsvoll den Notleidenden, in deren Gesichtern sie ihren geliebten Herrn sah.

Tag für Tag ging sie in eine Leprakolonie, um dort zu helfen. Liebevoll und einfühlsam kümmerte sie sich um die Kranken, säuberte ihre Geschwüre, aus denen übelriechender Eiter sickerte, und verband ihre Wunden. Sie brachte ihnen Essen und fütterte mit ihren zwei gesunden Händen alle jene, die ihre eigenen Hände nicht benutzen konnten.

Eines Tages stattete zufällig ein Freund ihres Vaters der Kolonie einen Besuch ab. Er war verblüfft, als er das Mädchen dort sah. Ein so reizendes Geschöpf, so jung und schön und voller Lebenskraft! Es schien ihr Freude zu machen, sich um Menschen zu kümmern, die von ihren Familien im Stich gelassen worden waren.

Schweigend beobachtete der Besucher das Mädchen eine Weile, bis er seine Gefühle nicht länger zurückhalten konnte.

»Wie schaffst du das nur?«, platzte er heraus. »Nicht für eine Million Rupien würde ich es über mich bringen, das zu tun!«

Das Mädchen lächelte. »Oh, ich würde es ebenfalls für kein Geld der Welt tun«, sagte sie.

Sie deutete sanft auf den Krishna-Anhänger, den sie um ihren Hals trug, und fügte hinzu: »Ich tue es für ihn.«

Ihr Mitgefühl hatte seinen Ursprung in Bhakti – der Hingabe an Gott –, denn sie diente den Leprakranken, als würde sie ihrem geliebten Herrn dienen.

Alles, was wir in Liebe geben, geben wir dem Herrn selbst. Gute Taten kommen nicht zuerst dem Empfänger zugute, sondern dem Gebenden, denn sie bringen ihn näher zu Gott.

Siehst du einen Mann behend, in seiner Tätigkeit, der wird vor Königen Dienst tun; keinesfalls tut er Dienst bei Geringen.

Das Buch der Sprüche 22,29

Das rät dir Dada Vaswani

Tue heute fünf Dinge für Gott. Es kann etwas so Einfaches sein wie eine Tasse Tee kochen. Tue es mit all der Liebe und Hingabe, die du aufbringen kannst. Wiederhole dabei im Stillen: »Sri Krishna Arpanam.«

Selig sind die, die vergeben

George Washington und Peter Miller waren Klassenkameraden und treue Freunde. Im Laufe der Zeit jedoch trennten sich ihre Lebenswege. George Washington wurde General und später Präsident der Vereinigten Staaten von Amerika, und Peter Miller wurde Prediger.

Peter war in seiner Gemeinde sehr beliebt, doch es gab dort einen Mann, der ihm das Leben schwer machte. Sein Name war Michael Whitman. Nur allzu oft gibt es Menschen, die anderen Steine in den Weg legen und deren Arbeit torpedieren. Wie besessen versuchen sie gute Menschen zu Fall zu bringen. Über zwanzig Jahre lang schikanierte Michael den Prediger.

Michael war damals im amerikanischen Unabhängigkeitskrieg aktiv und wurde des Landesverrats angeklagt. Das Urteil lautete Tod durch den Strang. Seine einzige Überlebenschance bestand darin, Berufung beim Oberbefehlshaber der amerikanischen Kolonialstreitkräfte einzulegen und um Begnadigung zu bitten. Unglücklicherweise gab es niemanden, der sich für ihn einsetzte und ihn vertrat.

Obwohl er all die Jahre von Michael schikaniert worden war, hatte Peter Mitleid mit ihm. Er wusste, dass einzig der Oberbefehlshaber das Todesurteil aufheben konnte, und dieser war zufällig George Washington. Sein Büro lag über hundert Kilometer von Peters Wohnort entfernt. Da er keinerlei Transportmittel besaß, ging er die gesamte Strecke zu Fuß, um den General zu bitten, Michaels Todesurteil aufzuheben.

George Washington freute sich, seinen alten Freund wiederzusehen. »Sag, was kann ich für dich tun?«, fragte er ihn, nachdem sie einander herzlich begrüßt und Höflichkeiten ausgetauscht hatten.

»George«, begann Peter, »ich bitte dich, um unserer Freundschaft willen, mir einen Gefallen zu tun. Ich weiß, dass du mich sehr schätzt. Und angesichts dessen bitte ich dich, das Todesurteil von Michael Whitman aufzuheben.«

George Washington war überrascht. »Peter, wie soll ich einen Verräter begnadigen? Er hat ein schlimmes Verbrechen begangen! Es tut mir leid. Ich kann deinem Freund nicht helfen. Das Urteil wird vollstreckt werden. Es ist mir unmöglich, ihn zu begnadigen.«

Peter blieb hartnäckig. »Du irrst dich, George. Michael ist nicht mein Freund. Er ist seit zwanzig Jahren mein Feind. Er hat sich all meinen Vorhaben und Unternehmungen entgegengestellt und mich bekämpft.«

»Dann vergiss die ganze Sache«, sagte Washington. »Die Frage, ob er begnadigt werden soll, stellt sich nicht, wenn er dein ärgster Feind ist.«

Peter berichtete George von all den Schikanen, denen er durch Michael ausgesetzt gewesen war. Trotz allem, sagte Peter, war er über hundert Kilometer gelaufen, nur um sich für ihn einzusetzen.

Seine Worte bewegten den Präsidenten. Er sagte: »Wenn du deinem ärgsten Feind vergeben kannst und dich für ihn verwendest, dann ist es der allmächtige Herr selbst, der um Michaels Vergebung bittet. Ich werde deiner Bitte nachkommen und das Todesurteil aufheben, denn es bedarf übermenschlicher innerer Stärke und allergrößtem Mitgefühl, seine Feinde zu lieben und denen zu vergeben, die einen schlecht behandelt haben.«

Es scheint unmöglich, einen Menschen zu unterstützen, ja zu lieben, der uns geschunden und geschmäht hat. Doch selbst wenn er uns hasst, sollten wir für ihn einstehen, wenn er unsere Hilfe braucht, sollten wohlwollend über ihn sprechen und Böses mit Gutem beantworten.

Liebe, liebe, liebe selbst deinen Feind. Und
hasst er dich auch wie einen Dorn, wirst du
zu einer Rose erblühen!

Sadhu Vaswani

Das rät dir Dada Vaswani

Erinnere dich an deine Schul- oder Studienzeit zurück, an den Streit und Ärger, den du mit anderen Menschen hattest. Damals hat das eine Menge Unruhe und Wut in dir ausgelöst, während es aus heutiger Sicht unbedeutend wirkt. War der Streit es wert, dich all deiner kostbaren emotionalen Energie zu berauben?

Auch der Ärger, den du heute hast, ist belanglos. Er ist es nicht wert, dass du dir deine positive Energie rauben lässt.

66

Gottes Wille steht über allem

Es gibt eine anrührende Geschichte aus dem Leben des indischen Politikers Lokmanya Tilak, die Zeugnis von Krishnas Lehre ablegt.

Im Jahr 1902 wurde die indische Stadt Pune von der Pest heimgesucht. Sie forderte Hunderte von Todesopfern, nicht eine einzige Familie blieb verschont. Auch nicht die Familie von Tilak, der innerhalb einer Woche seinen kleinen Sohn Vishwanath und zwei liebe Neffen verlor.

Ein enger Freund suchte Tilak daraufhin auf, um ihm sein Beileid auszusprechen. »Das ist wirklich zu viel«, sagte er zu dem großen Philosophen und Denker. »Drei junge Menschen auf einmal zu verlieren, das ist mehr, als irgendjemand verkraften kann!«

»Aber es ist Gottes Wille, und wir müssen ihn akzeptieren«, erwiderte der Brahmane Tilak. »Es scheint, als würde der Herr des Todes ein heiliges Feuer anzünden, zu dem jede Familie ihren Teil zum Anfeuern beisteuern muss. Wie könnten wir es unterlassen, unseren Beitrag zu leisten?«

Indem wir akzeptieren, was geschehen ist,
machen wir den ersten Schritt, um die
Folgen jeglichen Unglücks zu überwinden.

William James

Das rät dir Dada Vaswani

Übe dich heute darin, folgende vier Tatsachen zu akzeptieren:

1. Dein Essen, wie auch immer es schmeckt.

2. Das Wetter, so wie es ist, ohne darüber zu klagen, dass es zu warm oder zu kalt ist.

3. Den Straßenverkehr mit all seinen Staus.

4. Eine Entwicklung, die du so nicht erwartet hast.

67

Das Wunder der Liebe

Es war einmal ein Mann, der ein gottloses Leben führte. Er trank und spielte und misshandelte seine Frau. Verzweifelt suchten seine Frau und seine Kinder Trost in Sadhu Vaswanis *Satsang*, einer Zusammenkunft von Menschen, die miteinander sprechen, schweigen, nachdenken und meditieren.

Dem Ehemann gefielen diese Treffen ganz und gar nicht. Wütend suchte er Sadhu Vaswani auf, drohte ihm mit der Faust und fuhr ihn an: »Wenn du nur wüsstest, wie sehr ich dich hasse!«

Seine Worte waren bösartig, doch Sadhu Vaswani sah den Mann nur liebevoll an und sagte zu ihm: »Wenn du nur wüsstest, wie sehr ich dich liebe!«

Welche Kraft besaßen Sadhu Vaswanis Worte? Es war eine einfache Aussage, doch der Mann wurde von seinen Gefühlen überwältigt. Er fiel vor Sadhu Vaswani auf die Knie und bat ihn mit Tränen in den Augen um Verzeihung. Dieser Moment veränderte sein ganzes Leben, und er kehrte seinem bisherigen Leben den Rücken. Er begleitete seine Frau und die Kinder fortan jeden Abend zu Sadhu Vaswanis *Satsang*.

Finsternis kann keine Finsternis vertreiben;
das kann nur das Licht. Hass kann den Hass
nicht austreiben; das gelingt nur der Liebe.

Martin Luther King Jr.

Das rät dir Dada Vaswani

Entscheide dich heute, ein Gewinner zu sein. Gewinne deinen Gegner für dich, indem du ihn liebst. Wirst du von jemandem beschimpft, beleidigt oder schlecht behandelt, sei im Gegenzug gut zu ihm. Deine Güte wird ihn bekehren.

68

Wie weit reicht dein Königreich?

König Janaka gilt als ein Musterbeispiel für begierdeloses Handeln. Die folgende schöne Geschichte verdeutlicht, welch hochentwickeltes Bewusstsein er besaß.

Gott Vishnu nahm einmal die Gestalt eines Brahmanen an und beleidigte als solcher König Janaka, um an dessen Hof gebracht zu werden. Die angemessene Strafe für Beleidigung war Verbannung aus dem Königreich, und genau dieses Urteil sprach der König.

Der Brahmane nahm das Urteil an, indem er sich vor dem König verneigte, und fragte dann ruhig: »Würden Ihre Majestät mir bitte sagen, wie weit Ihr Königreich reicht?«

Janaka war überrascht. Weise wie er war, erkannte er, dass das Königreich, das er von seinen Vätern geerbt hatte, nicht wirklich ihm gehörte. Nicht einmal sein Körper gehörte ihm, denn er war ein Werkzeug Gottes. Andererseits, aus geistiger Sicht, war die ganze Erde sein Reich.

Als er das begriffen hatte, sagte der König: »Oh Brahmane! Unendlich ist das Reich meines Geistes! Lebe glücklich, wo immer es dir beliebt.«

Janaka war ein wahrhaft weiser Mann. Er erkannte die Unsterblichkeit, die Unendlichkeit des wahren Ichs.

Wir haben gelernt, dass der Schlüssel zum Glück innerer Frieden ist. Die größten Hürden für inneren Frieden sind störende Gefühle wie Wut und Anhaftung, Angst und Misstrauen, während Liebe, Mitgefühl und ein Gefühl für universelle Verantwortlichkeit die Quelle von Frieden und Glück sind.

Dalai Lama

Das rät dir Dada Vaswani

Mache dir bewusst, dass wir nur für einen kurzen Zeitraum auf dieser irdischen Welt sind. Vermeide zu viel Genuss und Vergnügen, zu hohe Erwartungen und zu starke Anhaftung.

So wirst du in der Lage sein, loszulassen, wenn die Zeit gekommen ist zu gehen.

69

Genug ist genug

Es gibt eine sehr interessante Fabel, die den Unterschied zwischen *Parodharma* (den Pflichten der anderen) und *Swadharma* (den eigenen Pflichten) veranschaulicht.

Ein armer Dorfbewohner hatte zwei Haustiere: einen Esel und einen Hund. Der Esel trug jeden Tag die Lasten des Mannes auf seinen Schultern. Er wurde von seinem Herrn weder gestreichelt noch gelobt. Der Hund dagegen tat nichts anderes, als auf seinem Posten vor der Tür zu sitzen und die Passanten anzubellen. Sah er sein Herrchen, wedelte er mit dem Schwanz, und wurde dafür gestreichelt und mit Liebe und Aufmerksamkeit überschüttet.

Neidisch sagte der Esel zu dem Hund: »Wie gern wäre ich du, und sei es nur für kurze Zeit!«

»Warum nicht?«, sagte der Hund. »Lass uns heute Abend die Aufgaben tauschen. Ich lege mich hin und schnarche, wie du es jede Nacht tust. Und du wachst an meinem Platz und hältst Ausschau nach Dieben.«

»Gut«, willigte der Esel ein, »aber vergiss nicht, dass du morgen die Lasten des Herrn tragen musst.«

Nachdem sie alles geregelt hatten, begaben sich die

Tiere auf ihre Posten. Wie es das Glück wollte, näherte sich nachts ein Einbrecher der Hütte. Instinktiv wachte der Hund auf und befahl dem Esel: »Los, mach schon! Wecke unser Herrchen!«

Der Esel fing an, laut zu schreien. Verwirrt schreckte der Herr aus dem Schlaf hoch, lief hinaus und schlug auf den Esel ein. Der Dieb rannte aufgrund des Tumults natürlich davon, sodass der Herr gar nicht mitbekam, was der Esel für ihn getan hatte.

Der geprügelte Esel stöhnte vor Schmerz und sagte zu seinem Freund, dem Hund: »Genug ist genug! Du tust deine Pflicht, ich erledige meine.«

Jeder von uns muss seine eigene Pflicht erfüllen. Selbst wenn sie unedel ist, dürfen wir sie nicht von uns weisen, um die edlere Pflicht eines anderen zu erledigen. Es ist besser, in Ausübung der eigenen Pflicht zu sterben.

Besser ist die mangelhafte [Erfüllung der] eigenen Pflicht als die rechte Ausübung der Pflicht eines Anderen. Besser der Tod bei der [Erfüllung der] eigenen Pflicht! Die [Erfüllung der] Pflicht eines Andern bringt Gefahr.

Bhagavad Gita, 3, 35

Das rät dir Dada Vaswani

Übe dich in der Lehre Krishnas aus der Bhagavad Gita:

Dein Interesse [aber] sei nur auf das Handeln gerichtet, niemals auf [dessen] Früchte. Tue daher deine Pflicht ohne irgendeine Form von Entlohnung zu erwarten.

70

Als der Herrscher
seine Lektion lernte

Es war in einer heißen Sommernacht, als der Groß-
mogul Shah Jahan, nachdem er sich in seinen
Privatgemächern zur Ruhe begeben hatte, plötzlich
Durst bekam. Er klatschte in die Hände, wie er es im-
mer tat, wenn er einen Wunsch hatte, doch zu seiner
Verwunderung war keiner seiner Diener zur Stelle.

Er wartete einen Moment, dann erhob er sich von
seiner königlichen Liege und ging zu dem silbernen
Wasserkrug, der stets in der Nähe seines Bettes stand.
Zu seiner Überraschung und Enttäuschung war kein
einziger Tropfen darin.

Inzwischen war die Kehle des Herrschers wie aus-
getrocknet. Er lief aus seinem Gemach hinaus auf den
Hof, denn er wusste, dass dort ein Brunnen war. Als
er versuchte, den Eimer nach oben zu ziehen, ver-
letzte er sich schwer an der Kurbel des Flaschenzugs.
Schmerz fuhr ihm den Arm hinauf, so unvermittelt
und heftig, dass er aufschrie.

In diesem Moment schoss ihm ein Gedanke durch
den Kopf: Hier stand er, ein Herrscher, und war doch
unfähig, eine so einfache Aufgabe wie das Schöpfen

von Wasser aus einem Brunnen auszuführen, um seinen Durst zu stillen.

»Oh geliebter Herr!«, rief er aus. »Ich danke dir für diese Erfahrung. Wie töricht und unbeholfen ich doch bin, und trotzdem hast du mich, in deiner unergründlichen Güte, zu einem Herrscher gemacht.«

Nur die stehen erhobenen Hauptes da,
die bereit sind sich den Kopf zurechtrücken
zu lassen.

William Safire

Das rät dir Dada Vaswani

Alles Schöne in unserem Leben sind Geschenke Gottes. Unsere Intelligenz, unsere Talente und unsere Fähigkeiten verdanken wir seiner Gnade und seinem Segen.

71

Was wir wirklich wert sind

Ein heiliger Mann war einmal bei einem reichen Kaufmann zum Essen in dessen neues Haus eingeladen. Als der Heilige das Tor zu dem luxuriösen Anwesen erreichte, wurde er von den Wachleuten verscheucht, da sie ihn für einen Bettler hielten.

Kurze Zeit später kehrte der Heilige zurück, diesmal in teure Seide und goldenes Tuch gekleidet. In diesem Aufzug wurde er augenblicklich eingelassen.

»Ihre Diener haben mir in meinem ockerfarbenen Gewand den Zutritt zu Ihrem Haus verwehrt«, sagte der Heilige zu seinem Gastgeber.

»Selbstverständlich, Swamiji«, entgegnete der Kaufmann selbstgefällig. »Die Elite der Stadt ist heute hier versammelt. Da ziemt es sich, sich von seiner allerbesten Seite zu zeigen. Sie sehen in Ihrem prächtigen Umhang beeindruckend aus. Jetzt wissen alle, dass Sie eine ernstzunehmende Persönlichkeit sind.«

Der Heilige lächelte und erwiderte nichts darauf. Als man die Gäste kurz darauf zu Tisch bat, wurde ihnen ein Festmahl aufgetragen. Alle begannen gierig zu essen. Niemand wollte sich auch nur eine der köstlichen Speisen entgehen lassen.

Alle mit Ausnahme des Heiligen. Er schlüpfte wortlos aus seinem Umhang, unter dem er immer noch sein ockerfarbenes Gewand trug. Er legte den Umhang auf den Tisch und begann Essen darauf aufzuhäufen: heißes, dampfendes Gemüse, cremigen Kheer, Duftreis, weiches Roti, köstliche Mithai und andere Nachspeisen – er ließ nichts aus.

»Swamiji!«, entfuhr es dem Gastgeber. Er wurde ganz rot vor Verlegenheit. »Was machen Sie denn da?«

»Mein Freund, mir ist klar geworden, dass ich nicht der Gast bin, den Sie zu sich zum Essen eingeladen haben«, antwortete der Heilige bescheiden. »Als ich in meinem einfachen Aufzug hier erschien, wurde mir der Zutritt verwehrt. Es ist dieser Umhang, weswegen Sie mich willkommen geheißen und zu Ihren Gästen an den Tisch gesetzt haben. Also ist dieser Umhang Ihr Gast. Er sollte in den Genuss Ihrer großzügigen Gastfreundschaft kommen. Was mein wahres Ich in meinem ärmlichen ockerfarbenen Gewand betrifft, so verdiene ich es nicht, irgendetwas von dieser üppigen Tafel zu essen. Gestatten Sie mir daher zu gehen.«

Nur allzu oft lassen wir uns von der äußeren Erscheinung eines Menschen leiten und vergessen darüber, was er wirklich wert ist.

Ohne Schlichtheit, Güte und Wahrheit gibt es keine Größe.

Leo Tolstoi

Das rät dir Dada Vaswani

Nimm dir Zeit, um dein Zuhause auszumisten und zu entrümpeln. Hast du Schränke voller alter Dinge, die du nie benutzt? Ist deine Garage oder dein Dachboden voll mit Sachen, die du aufhebst, weil du sie »irgendwann einmal« brauchen könntest? Nimm dir ein paar Stunden Zeit, schaue alles durch und packe alles Überflüssige in Kisten, die du dann spendest. Du wirst dich gut fühlen, wenn du diese Dinge loslässt.

72

Gott liebt die Barmherzigen

Es gibt eine schöne Geschichte über Hussein, den Märtyrer von Karbala. Als Hussein einmal beim Essen saß, fiel einem Sklaven aus Versehen heißes Essen auf sein Knie.

Der Sklave fürchtete eine schlimme Strafe und begann hastig einen Vers aus dem Koran aufzusagen: »Das Paradies gehört dem, der seine Wut beherrscht.«

»Ich bin nicht wütend«, entgegnete Hussein.

Der Sklave fuhr fort: »Das Paradies gehört dem, der seinem Bruder vergibt.«

»Ich vergebe dir«, sagte Hussein.

Und der Sklave vollendete den Vers: »Denn Gott liebt die Barmherzigen.«

Hussein antwortete sofort: »Ich schenke dir die Freiheit. Du bist nicht länger mein Sklave, und ich gebe dir vierhundert Silberstücke. Gehe als freier Mann!«

Ja, Gott liebt die, die barmherzig sind. Gott liebt die, die ihren Mitmenschen vergeben.

Irren ist menschlich, Vergeben ist göttlich.

Alexander Pope

Das rät dir Dada Vaswani

Denke heute darüber nach, wie unsinnig es ist, aufgrund eines Fehlers ungeduldig zu werden oder zu schimpfen. Das Geschehene kann dadurch nicht ungeschehen gemacht werden. Entscheide dich stattdessen zu akzeptieren, was vorgefallen ist, und hebe dir deine positive Energie dafür auf, in Ordnung zu bringen, was schiefgegangen ist.

73

Einfach, aber gut!

Es war einmal ein bedeutender Mann, der für das Amt des Präsidenten kandidierte. Er hielt gerade eine Rede vor einem großen Publikum, als ihm ein Mann aus der Menge zurief: »Sie stehen heute hier, um Präsident dieses Landes zu werden. Aber verschweigen Sie den Menschen nicht länger die Wahrheit über Ihre Vergangenheit. Stimmt es nicht, dass Sie bis vor ein paar Jahren ein einfacher Schuster waren?«

Der Redner zeigte sich vollkommen unbeeindruckt vom Ausbruch des Mannes. Er lächelte und sagte: »Ja, es stimmt, ich war ein einfacher Schuster, aber ich war ein guter!«

Als die Menschen diese Antwort hörten, brachen sie in donnernden Applaus aus. Sie sahen einen Mann vor sich, der das Wort Pflichtgefühl regelrecht verkörperte: Was immer er machte, er machte es gut. Folglich würde er alles, was man künftig in seine Hände legte, gut machen.

Es kommt nicht darauf an, was wir tun, sondern wie wir es tun.

Vollziehe du das notwendige Werk.
Tätigkeit ist besser als Untätigkeit.

Bhagavad Gita 3,8

Das rät dir Dada Vaswani

Jeder von uns hat eine Aufgabe oder eine Verpflichtung zu erfüllen. Die beste Art, unsere Pflicht zu tun, ist, sie wie eine geistliche Übung auszuführen.

Sprich vor deiner Arbeit dieses Gebet:

Lieber Gott, bitte segne meine Arbeit, sodass sie deine Liebe widerspiegeln möge. Ob ich in diesem Bestreben erfolgreich bin oder nicht, lass mich dir durch diese bescheidene Geste näherkommen.

74

Ein großes Beispiel

Ein angesehener spanischer General befand sich im Kampf gegen eine feindliche Nation. Er geriet in eine furchtbare Lage, als sein einziger Sohn in die Hände des Feindes fiel.

Man zwang den Sohn, seinem Vater Folgendes am Telefon zu sagen:

»Vater, ich bin in Lebensgefahr. Meine Entführer sagen, sie werden mich nur verschonen und frei lassen, wenn du die spanischen Truppen zurückziehst.«

»Mein lieber Sohn, du weißt, dass ich dich liebe und alles für dich tue«, antwortete der General. »Aber ich habe dich als treuen und patriotischen Spanier erzogen. Und du weißt, dass wir dem Land unserer Väter zu großem Dank verpflichtet sind. Sei tapfer und erfülle deine Pflicht als Sohn Spaniens, genau wie dein Vater seine Pflicht als General erfüllt.«

Der Sohn wurde vom Feind grausam getötet, doch der General ließ sich nicht erpressen und weigerte sich die Sicherheit Spaniens aufs Spiel zu setzen.

Es ist unglaublich schwer, dem Land das eigene Glück zu opfern, doch die Mutigen haben das stets getan.

Die Liebe kann wohl viel,
allein die Pflicht noch mehr.

Johann Wolfgang von Goethe

Das rät dir Dada Vaswani

Jeder von uns hat seine eigene Pflicht zu erfüllen, sie wird auch *Swadharma* genannt. Weiche heute nicht vom Pfad der Pflicht ab, auch wenn sich dir Hindernisse und Schwierigkeiten in den Weg stellen. Erfülle sie aufrichtig und gewissenhaft.

75

Die wahrhaft Großen
sind einfach

Michael Faraday, der bedeutende Wissenschaftler, war ein Mann von schlichtem Gemüt. Aufgrund seiner einfachen Kleidung und seinem bescheidenen Verhalten blieb anderen seine überragende Intelligenz und Genialität oft verborgen.

Einmal wünschte ein Regierungsbeamter Faraday zu sprechen. Der Mann ging in die Royal Society, wo Faraday häufig arbeitete, und fragte nach dem großen Wissenschaftler. Er wurde ins Labor geschickt, in dem Faraday für gewöhnlich seine Experimente durchführte.

Als der Besucher das Labor betrat, fand er es bis auf einen alten Mann in einer Latzhose, der an einem Becken stand und Flaschen spülte, leer vor.

»Entschuldigen Sie, sind Sie ein Mitarbeiter der Royal Society?«, fragte der Besucher.

»Ja, ich arbeite hier seit über achtzig Jahren«, antwortete der alte Mann. »Was kann ich für Sie tun?«

»Sind Sie mit Ihrem Gehalt hier zufrieden?«, fragte der Besucher weiter.

»Ich bin zufrieden«, sagte der alte Mann lächelnd.

»Wie heißen Sie eigentlich?«

»Man nennt mich Michael Faraday«, lautete die Antwort.

Der Besucher war perplex. Er hatte den berühmten Wissenschaftler für einen Gehilfen gehalten! Wie konnte ein so großer Mann so einfach sein, fragte er sich. Oder war er so groß, *weil* er so einfach war?

Die wahrhaft Großen sind einfach, da sie niemandem etwas beweisen müssen. Man sagt, die größten Wahrheiten seien die einfachsten. Genauso verhält es sich bei großen Menschen. Sie sind mit sich selbst zufrieden.

Einfachheit ist die höchste Stufe
der Vollendung.

Leonardo da Vinci

Das rät dir Dada Vaswani

Viele Menschen reiben sich in Jobs auf, die sie nicht gern tun. Sie machen das, um sich Dinge kaufen zu können, die sie nicht brauchen, um damit Menschen zu beeindrucken, die sie nicht leiden können.

Bin ich einer von ihnen? Wenn ja, sind folgende Überlegungen ratsam:

Sollte ich meinen Lebensstil herunterschrauben?

Wie viel ist genug?

Warum ist es mir so wichtig, was andere denken?

Brauche ich wirklich so viel?

76

Was macht mich reich?

Während einer Hungersnot verteilte ein gütiger und barmherziger Herrscher einen großen Teil seines Reichtums an die Armen. Seine Untertanen waren ihm dankbar, seine Brüder hingegen waren alles andere als erfreut.

Sie sagten zu ihm: »Unsere Väter und Vorväter haben diese Reichtümer über Generationen angesammelt und jeweils an den nächsten Thronfolger weitervererbt. Du verschenkst unser und ihr Vermögen! Du wirst das noch bitter bereuen!«

Der König erwiderte ihnen: »Meine Vorväter haben Reichtümer in Form von Geld angehäuft; ich häufe Reichtümer in Form von Seelen an.

Mein Vater hat Reichtümer für die Erde angehäuft; ich häufe Reichtümer für den Himmel an.

Mein Vater hat Reichtümer für andere angehäuft; ich häufe Reichtümer für mich an.«

Ja, es stimmt: Barmherzigkeit ist eine Tugend des Herzens, nicht der Hände.

Menschliche Größe besteht nicht darin,
zu versuchen, jemanden darzustellen,
sondern darin, zu versuchen,
jemandem zu helfen.

Unbekannt

Das rät dir Dada Vaswani

Lass uns überlegen, wie wir geben können. Lass uns zehn Prozent unseres monatlichen Einkommens für wohltätige Zwecke beiseite legen, als Anteil an unserem Einkommen, den wir dazu verwenden, anderen Menschen zu dienen.

77

Eltern aufgepasst!

Ein junger Franzose hatte ein abscheuliches Verbrechen begangen und wurde dafür zu zehn
Jahren Zwangsarbeit verurteilt.

Gefasst nahm er das Urteil entgegen. Als ihn die
Polizei jedoch aus dem Gerichtssaal führen wollte,
drehte er sich zu den Anwesenden um und rief so
laut, dass ihn jeder hören konnte: »Ich habe nichts
gegen den Richter, denn er hat mich gerecht behandelt. Ich habe nichts gegen die Polizei, denn sie hat
ihre Pflicht getan. Doch es gibt zwei Menschen in diesem Gerichtssaal, denen ich niemals vergeben kann,
und das sind mein Vater und meine Mutter!«

Die Anwesenden waren so schockiert von seinen
Worten, dass sie gar nicht reagieren konnten. Sprachlos hörten sie weiter zu.

»Sie sind für meine Lage verantwortlich«, fuhr der
Verurteilte fort. »Als ich klein war, haben sie sich nie
für mich interessiert. Es war ihnen egal, in welche
Gesellschaft ich geriet; meine Freunde interessierten
sie nicht. Gut, sie haben mir Geld gegeben, aber wofür ich es ausgab, war ihnen egal. Sie unternahmen
nichts, als ich anfing zu trinken, zu spielen und in

Freudenhäuser zu gehen. Und hier bin ich nun, kriminell und dem Laster verfallen. Sie tragen die Schuld, doch ich habe den Preis zu zahlen: verurteilt zu zehn Jahren Zwangsarbeit, lebenslang als Verbrecher gebrandmarkt.«

Harte Worte! Doch die Verbitterung des jungen Mannes enthüllt eine Wahrheit: Viele Eltern scheinen sich der Verantwortung, die sie gegenüber ihren Kindern haben, nicht bewusst zu sein.

Jeden Tag unseres Lebens nehmen wir Einzahlungen auf das Gedächtniskonto unserer Kinder vor.

Charles R. Swindoll

Das rät dir Dada Vaswani

Sechs Tipps, um euren Kindern gute Eltern zu sein:

1. Kinder brauchen eure Zeit mehr, als sie Geld und Dinge brauchen.

2. Schenkt ihnen viel Liebe, Aufmerksamkeit und Anerkennung, nehmt sie in den Arm und küsst sie.

3. Lest ihnen Bücher vor, die von Moral und Werten handeln.

4. Spielt mit ihnen.

5. Seid gute Zuhörer.

6. Bemüht euch darum, das Vorbild zu sein, dem sie nacheifern sollen.

78

Beste Freunde

In einem überfüllten Bus stand ein kleiner Junge zwischen lauter Erwachsenen und hielt ein Stück Holz umklammert. Ängstlich darauf bedacht, dass ihm in dem Gedränge niemand den Ast aus den Händen schlug, ließ er ihn keine Sekunde aus den Augen.

Eine Frau, die den Jungen schon eine Weile beobachtete, rief ihm schließlich über das Dröhnen des Motors hinweg neugierig zu: »Warum hältst du dieses Stück Holz so sorgsam fest?«

Der Junge sah sich zu ihr um und antwortete unschuldig: »Ich mache einen Ausflug mit Lucy. Sie ist meine Freundin, und das ist ihre erste Busfahrt.«

»Aber ... aber wo ist Lucy denn?«, fragte die Frau irritiert. Es war weit und breit kein Mädchen zu sehen.

»Hier, schauen Sie«, sagte der kleine Junge und lenkte ihre Aufmerksamkeit auf das Stück Holz. »Lucy ist eine Ameise. Ich habe sie in meinem Garten gefunden, und jetzt ist sie meine beste Freundin.«

Wie fantasievoll, lieb, unschuldig und engelhaft!

Eine gute Tat, ein liebes Wort
machen die Erde zum Paradies,
zu einem himmlischen Ort.

Julia F. Carney

Das rät dir Dada Vaswani

Würdest du diese verlorene Unschuld gern zurückgewinnen? Suche in deinem Innern nach Antworten auf folgende sechs Fragen:

Wie bereitwillig bist du für andere Menschen da?

Wie sehr interessierst du dich für andere Menschen, besonders für die, die ganz anders sind als du?

Wie flexibel bist du?

Bist du bereit etwas Neues auszuprobieren?

Bist du bereit Logik und Vernunft in den Wind zu schlagen und deinem Herzen zu folgen?

Wie viel Zeit verbringst du mit Kindern?

79

Köpfchen, Köpfchen!

Eine Frau, die leidenschaftlich gern Geld ausgab, kaufte sich für ihre Küche ein neues Elektrogerät, das gerade erst auf den Markt gekommen war. In der Verpackung befand sich eine Anleitung, wie das Gerät vor dem ersten Gebrauch zusammenzubauen war.

Zu Hause angekommen verteilte sie übereifrig alle Einzelteile auf dem Küchentisch und versuchte das Gerät auf eigene Faust zusammenzusetzen. Doch die Sache gestaltete sich so schwierig und kompliziert, dass sie alles stehen und liegen ließ und beschloss, erst einmal einen Mittagsschlaf zu machen.

Als sie nach einer Weile ausgeruht in die Küche zurückkam, war sie verblüfft. Da stand das Gerät komplett funktionstüchtig auf dem Tisch. Auch das Chaos, das sie hinterlassen hatte, war bereits beseitigt. Allem Anschein nach hatte ihr Hausmädchen alles erledigt.

»Wie haben Sie das gemacht?«, fragte sie das Mädchen.

»Wer nicht lesen kann, muss seinen Kopf benutzen, Madam«, lautete die Antwort.

Im Grunde ist das Leben ganz einfach,
wenn wir nicht darauf bestehen würden,
es kompliziert zu machen.

Konfuzius

Das rät dir Dada Vaswani

Wenn du in einer Krise steckst oder vor einer Herausforderung stehst, suche nach einer einfachen und
direkten Lösung, ohne allzu viele Überlegungen an-
zustellen.

80

Was bleibt

Ein reicher Geschäftsmann suchte bei seinem Guru um Rat in einer Angelegenheit, die ihn seit geraumer Zeit beschäftigte.

»Ich habe für meine Söhne ein Vermögen zusammengetragen«, sagte er zu dem Weisen. »Mein Problem ist, dass ich nicht weiß, wie ich es am besten und sichersten für sie anlegen soll. Gold ist nicht sicher; Aktien und Wertpapiere schwanken zu stark; Immobilien lassen sich nicht immer gewinnbringend wieder verkaufen. Was soll ich tun? Wie soll ich mein Geld anlegen?«

»Schenke deinen Kindern ein Vermögen, das ihnen niemand mehr nehmen kann«, riet ihm der Weise. »Gib ihnen eine Erziehung voller Werte und Ideale und ermögliche ihnen eine gute Ausbildung.«

Es ist wissenschaftlich erwiesen, dass die wohlhabendsten Menschen der Welt nicht zwangsläufig die glücklichsten Menschen der Welt sind.

Die Lebensgeschichten zahlloser Menschen hingegen haben bewiesen, dass Glück ein Gefühl ist, das fast ausnahmslos von innen kommt.

*Die meisten Menschen sagen, dass es
der Verstand ist, der einen großen
Wissenschaftler ausmacht. Sie irren sich:
Es ist Persönlichkeit.*

Albert Einstein

Das rät dir Dada Vaswani

Erstelle eine Liste mit fünf herausragenden Eigenschaften, die eine große Persönlichkeit ausmachen. Schreibe hinter jeden Punkt den Namen eines bedeutenden Menschen, der diese Eigenschaft besitzt.
Beispiel:

Wahrhaftigkeit – Mahatma Gandhi

Konzentration – Vishwanathan Anand (indischer Großmeister im Schach)

Hilfsbereitschaft – Sadhu Vaswani

Mut – Swami Vivekananda (hinduistischer Mönch und Gelehrter)

Genialität – Albert Einstein

Erzähle deinen Kindern von diesen Menschen und ihren Eigenschaften. Motiviere sie, dass auch aus ihnen große Persönlichkeiten werden können.

81

Echte Freude

Thomas Carlyle, der berühmte viktorianische Schriftsteller, war gerade einmal sechs Jahre alt, als ein vom Alter gezeichneter Bettler an seine Haustür klopfte. Der kleine Thomas öffnete die Tür, und der Anblick, der sich ihm bot, hinterließ einen bleibenden Eindruck: ein gebrechlicher alter Mann in zerlumpter Kleidung mit gebeugtem Rücken und zittrigen Händen.

»Einen Moment, bitte«, sagte er zu dem Fremden und lief nach oben in sein Zimmer.

Außer Atem kehrte er eine Minute später wieder zurück. In der Hand hatte er sein Sparschein, in dem er alle Pennys und Schillinge aufbewahrte, die er von Zeit zu Zeit geschenkt bekam. Wortlos schüttete er dem alten Mann den Inhalt des Sparschweins in die Hände. Zum Dank erwarteten den Jungen zwei freudestrahlende Augen und ein zahnloses Lächeln.

Als Carlyle später einmal von dieser Begegnung erzählte, sagte er: »Ich kann mich nicht erinnern jemals wieder etwas erlebt zu haben, das mir so viel Freude bereitet hat wie diese einfache, uneigennützige Geste.«

Wahre Freude am Geben verspüren nur die, die selbstlos darum bemüht sind, ihren Mitmenschen zu helfen.

Wir alle sind verpflichtet der Welt wenigstens
den Gegenwert dessen zurückzugeben,
was wir uns von ihr genommen haben.

Albert Einstein

Das rät dir Dada Vaswani

Denke heute über folgende Worte von Guru Sadhu Vaswani nach: »Wenn du den Schwächsten der Schwachen – egal, ob Mensch oder Tier – aus Mitgefühl etwas zukommen lässt, zieht Göttliches in dich ein und macht dich glücklich.«

82

Solchen gehört das Reich Gottes

Es gibt eine schöne Geschichte über eine Grundschule in Chicago, in der Kinder in der Vorweihnachtszeit zusammen ein Krippenspiel einstudierten. Ein Drittklässler übernahm die Rolle des Herbergswirts. Sein einziger Satz lautete: »Es tut mir leid, aber in dieser Herberge gibt es keinen Platz für euch.«

Scheinbar vom Weihnachtsgedanken erfasst, ging der Junge in seiner Rolle völlig auf. »Es tut mir leid«, sagte er zu Maria und Josef, »aber in dieser Herberge gibt es keinen Platz für euch.« Doch als sich die beiden umdrehten und fortgehen wollten, rief der Junge ihnen hinterher: »Komm zurück, Josef, komm zurück! Du kannst mein Zimmer haben!«

Vielleicht ist das der Grund, weshalb Jesus seinen Jüngern sagte, sie sollten wie die Kinder werden. Wir alle wurden als mitfühlende Wesen geboren. Doch im Laufe unseres Lebens geht diese wundervolle Gesinnung irgendwo verloren.

Kinder nehmen Anteil, und sie zeigen stets, dass sie es tun.

Ein großer Mensch ist,
wer sein kindliches Herz nicht verliert.

Mengzi

Das rät dir Dada Vaswani

Trommle ein paar Kinder aus deiner Familie und deiner Nachbarschaft zusammen. Setze dich mit ihnen hin, spiele mit ihnen und rede mit ihnen über ganz einfache Dinge. Frage sie nach ihrer Meinung zu bestimmten Themen. Du wirst verblüfft sein, welche neuen Einsichten sie dir von der Welt eröffnen. Kinder sind von Natur aus einfach und arglos. Lerne von ihnen!

83

Schönheit liegt
im Auge des Betrachters

Ein Fremder erreichte die Tore einer Stadt, in der er noch nie zuvor gewesen war. Am Wegesrand saß eine alte Frau mit einem Korb voller Blumen und begrüßte den Mann: »Willkommen in unserer Stadt.«

»Was für Menschen leben hier?«, fragte der Fremde die Frau.

»Was für Menschen leben denn bei Ihnen zu Hause?«, fragte sie lächelnd zurück.

»Oh, ganz schreckliche«, fluchte der Fremde. »Sie sind geizig, gemein, bösartig und selbstsüchtig. Man kann mit ihnen nicht zusammenleben.«

»Sie werden feststellen, dass die Menschen hier ganz ähnlich sind«, sagte die alte Frau zu ihm und wandte sich wieder ihren Blumen zu.

Eine Weile später erreichte ein weiterer Fremder die Tore der Stadt. Auch er wurde von der alten Frau willkommen geheißen.

»Was für Menschen leben in dieser Stadt?«, fragte der zweite Reisende.

»Wie finden Sie denn die Menschen bei sich zu Hause?«, fragte sie zurück.

»Ganz wunderbar. Sie sind fleißig, freundlich und man kommt wunderbar mit ihnen aus.«

»Sie werden feststellen, dass die Menschen hier genauso sind«, versicherte ihm die alte Frau.

Begegne den Menschen mit Liebe und Verständnis und du wirst feststellen, dass sie dir auf die gleiche Weise begegnen.

Gib der Welt das Beste, was du hast,
und du wirst das Beste zurückbekommen.

Madeline Bridges

Das rät dir Dada Vaswani

Dein Blick ist von den Farben der Brille getrübt, die du trägst. Trägst du eine schwarze Brille, wird dir alles schwarz vorkommen; ist deine Brille blau, erscheint dir alles blau; ist sie braun, erscheint dir alles braun. Entscheide dich heute, eine glasklare Brille zu tragen, und sieh die Welt in ihren wirklichen Farben.

84

Vergeben und vergessen

Ein junges Mädchen namens Priya hatte eine so tiefe und innige Beziehung zu Gott, dass es ihr tatsächlich möglich war, mit Sri Krishna, ihrem *Ishta Devata* (geliebten Gott), zu kommunizieren.

Ein misstrauischer Geistlicher bezweifelte das und wollte das Mädchen auf die Probe stellen. »Wenn du wirklich, wie du behauptest, jeden Tag mit Sri Krishna sprichst, dann bitte ihn, dir zu erzählen, welche Sünde ich als junger Mann begangen habe.«

Er war sich sicher, dass sie niemals herausfinden würde, was er getan hatte. Das würde sie als Schwindlerin entlarven, die falsche Behauptungen aufstellte.

Bereits innerlich triumphierend suchte er sie eine Woche später auf und fragte sie: »Hast du mit Sri Krishna gesprochen?«

»Das habe ich«, antwortete sie.

»Und hat er dir gesagt, welche Sünde ich begangen habe?«

»Er sagte mir, er hat es vergessen, und er möchte, dass Sie das auch tun.«

Der Priester machte ein langes Gesicht und ließ beschämt den Kopf hängen.

Wenn Gott sich die Fehler und Schwächen der Menschen nicht merkt, warum sollten wir es tun?

Niemand ist vollkommen ...
Deshalb haben Bleistifte Radiergummis.
Unbekannt

Das rät dir Dada Vaswani

Atme tief durch und sage dir Folgendes: Was immer geschieht, ist Teil eines göttlichen Plans. Der Mensch, der mich verletzt hat, ist lediglich ein Werkzeug dieses göttlichen Auftrags.

85

Keine kleine Sache

Zwei Soldaten wurden im Zweiten Weltkrieg in einer Schlacht so schwer verletzt, dass beiden jeweils ein Arm amputiert werden musste. Anschließend kamen sie in ein Rehabilitationszentrum für Versehrte, in dem sie lernen sollten, so gut wie möglich mit ihrem einen Arm umzugehen. Für beide war es eine ungemeine Herausforderung.

Nach etwa einem Jahr in der Klinik war der eine von ihnen völlig entmutigt. Er kam zu dem Schluss, dass ein Leben mit dieser Behinderung nicht lebenswert war.

Der andere Soldat hingegen war so zufrieden mit seinen Fortschritten, dass er zu jedem sagte: »Es ist ein Segen, dass Gott uns Menschen zwei Arme gegeben hat, wo wir doch spielend mit nur einem auskommen.«

Worin unterschieden sich die beiden Männer, die eigentlich das gleiche Schicksal teilten? Ihr Lebenswille war von einer optimistischen Einstellung abhängig. Und die besaß nur der zweite.

Gegen Verzweiflung gibt es nur ein Mittel:
Optimismus. Die Hoffnung stirbt zuletzt.

Harry Nilsson

Das rät dir Dada Vaswani

Denke heute darüber nach, dass jedes Ding zwei Seiten hat. Betrachten wir ein Problem, sehen wir meist nur die Schattenseite, den negativen Aspekt, zu dem es jedoch stets eine Lösung gibt. Siehst du dir alle Situationen, die du in deinem Leben als »schwierig« oder »schmerzhaft« empfunden hast, genauer an, wirst du feststellen, dass sich dahinter stets auch etwas Positives verborgen hat. Vielleicht hat sich deine Einstellung oder das Verhalten eines Familienmitglieds dadurch verändert. Möglicherweise bist du bescheidener geworden oder hast eine intensivere Beziehung zu Menschen und sogar zu Gott entwickelt. Suche in den Erfahrungen, die du im Laufe deines Lebens gemacht hast, nach dem Positiven, das darin verborgen liegt.

86

Vom Scherflein der armen Witwe

Es war einmal ein König, der den Bau eines impo-
santen Marmortempels anordnete, um damit an
den Sieg über seine Feinde zu erinnern. Es sollte das
größte, bedeutendste und eindrucksvollste Bauwerk
im ganzen Königreich werden. Tausende Arbeiter
wurden dafür abkommandiert, und auf Hunderten
von Pferden und Ochsen wurde aus den entlegensten
Winkeln des Königreiches der kostbarste Marmor
herbeigeschafft.

Entlang des Weges, der zu dem geplanten Tempel
führte, lebte eine arme alte Frau in einer baufälligen
Hütte. Die Nachricht, dass ganz in der Nähe ihrer
ärmlichen Behausung ein Gotteshaus gebaut werden
sollte, versetzte sie in große Aufregung. Sie betete,
dass sie noch lange genug leben würde, um den herrlichen Tempel in seiner ganzen Pracht zu sehen. Sie
wünschte selbst einen Beitrag dazu leisten zu können,
doch sie war so arm, dass sie kaum eine Kupfermünze
entbehren konnte.

Tag für Tag trotteten fortan Pferde und Ochsen an
ihrer Hütte vorbei, beladen mit schweren Marmor-
blöcken. Aus Mitleid mit den armen Tieren zupfte

die Frau etwas Stroh aus ihrer durchgelegenen Matratze und hielt es den Pferden hin, wenn sie vor ihrer Tür kurz Rast machten. Die Tiere kauten dankbar auf dem Stroh herum und warfen ihr so liebevolle Blicke zu, dass sie ganz gerührt war. Fortan bot sie allen Tieren, die vor ihrer Hütte rasteten, etwas Stroh an.

Als der Tempel schließlich fertig war, war so gut wie kein Stroh mehr in ihrer Matratze. Doch sie freute sich, dass sie ihr Scherflein beigesteuert hatte. »Ich habe nicht viel, was ich dem Herrn darbringen kann«, sagte sie sich, »aber ich bin froh, dass ich das Wenige, das ich besitze, gegeben habe.«

Am Tag, als der Tempel eingeweiht werden sollte, hatte der König eine Vision. Der Herr sagte zu ihm: »Die Ehre der ersten Puja in meinem Tempel soll der armen alten Frau zuteilwerden, die in der Hütte östlich des Tempels lebt. Sie hat mir stets etwas dargebracht, ganz gleich, wie wenig sie hatte.«

Und so geschah es, dass die arme alte Frau, die den schwer beladenen Ochsen und Pferden Stroh gegeben hatte, vom Herrn auserwählt wurde, den Tempel einzuweihen.

Von dem Frommgesinnten, der mir Blätter,
Blumen, Früchte und Wasser in Liebe
darbringt, genieße ich dieses [mir] liebevoll
vorgesetzte.

Bhagavad Gita 9, 26

Das rät dir Dada Vaswani

Denke über dein Leben nach. Wie lebst du? Wie
kannst du dein Leben einfacher gestalten? Lass uns
heute alles, was wir tun, auf simple, bescheidene
Weise tun. Wenn wir kochen, lass es ein einfaches
Essen sein; wenn wir mit jemandem sprechen, lass
uns bescheiden sein. Lass uns darauf achten, nicht zu
protzigem, hochtrabendem oder wichtigtuerischem
Verhalten zu neigen.

87

Honda erreicht sein Ziel

Soichiro Honda kam als Sohn eines Schmieds zur Welt. Als Kind liebte er es, seinem Vater in seiner Fahrradwerkstatt zu helfen. Die Familie war nicht reich, aber Gihei Honda brachte seinen Kindern bei, wie wichtig Arbeit im Leben war, und er förderte ihr handwerkliches Interesse. Es heißt, dass Soichiro den Spitznamen »schwarznasiges Wiesel« hatte, weil sein Gesicht von der Arbeit am Schmiedefeuer immer ganz schmutzig war und weil er seine Nase ständig in irgendwelche Maschinen und Motoren steckte, um herauszufinden, wie sie funktionierten.

Soichiro genoss keine solide Schulbildung. Genau genommen verließ er mit fünfzehn Jahren sein Elternhaus und ging nach Tokio, um sich dort Arbeit zu suchen. Er fand eine Anstellung als Gehilfe in einer Autowerkstatt und arbeitete sich im Laufe der nächsten sechs Jahre zum Automechaniker hoch. Mit zweiundzwanzig Jahre ging er zurück nach Hause, um eine eigene Autowerkstatt zu eröffnen.

1973 begann Honda, Kolbenringe für kleinere Motoren herzustellen. Um sich das nötige Wissen im Bereich der Metallurgie anzueignen, entschied er, noch einmal zur Schule zu gehen. Sein Fleiß und sein Forschungseifer machten sich bezahlt, und im wirtschaftlich am Boden liegenden Nachkriegsjapan wurden Honda Motorräder zu einer Erfolgsgeschichte, die die ganze Welt begeisterte.

Fleiß, Entschlossenheit, Ausdauer, Rechtschaffenheit und die Liebe zu seiner Arbeit – das waren die Eigenschaften, die es Soichiro Honda ermöglichten, seinen Platz unter den Automobilriesen Europas und Amerikas zu finden und zu behaupten.

Es gibt keinen Ersatz für echten Fleiß.
Thomas Edison

Das rät dir Dada Vaswani

Entscheide, was du aus deinem Leben machen willst.
Dann arbeite so mutig und entschlossen auf dieses Ziel hin, wie du nur kannst.

88

Sichere Landung

Ein kleiner Junge saß im ersten Stock eines brennenden Hauses gefangen. Seine Familie hatte sich gerade noch in Sicherheit bringen können, doch ihm wurde der Weg durch einen eingestürzten Türrahmen versperrt. Augenblicklich setzte sein Überlebensinstinkt ein, und er kletterte aus dem Fenster seines Zimmers hinaus auf den Sims, um den Flammen zu entkommen. Dort hing er nun, außer sich vor Angst, und konnte weder nach oben noch nach unten schauen.

Seine Familie hatte inzwischen nach Hilfe gerufen. Ein kräftig gebauter Nachbar eilte sofort zu dem Jungen. Er stellte sich unter das Fenster und rief zu ihm hinauf: »Lass dich fallen, Raju, ich fange dich auf!«

Als der Junge die Worte hörte, ließ er einfach los und landete sicher in den starken Armen des Mannes. »Ich wusste, dass du mich auffangen würdest, Onkel«, sagte er dankbar, umarmte den Mann und schluchzte vor Erleichterung.

Alles, was wir tun müssen, ist Gott zu vertrauen – und alles wird gut!

Verlass dich auf den Herrn von ganzem
Herzen, und verlass dich nicht auf deinen
Verstand, sondern gedenke seiner auf allen
deinen Wegen, so wird er dich recht führen.

Das Buch der Sprüche 3, 5–6

Das rät dir Dada Vaswani

Wir probieren so vieles aus – warum probieren wir nicht einmal, Gott zu vertrauen? Versprechen wir uns, dass wir nicht versuchen werden uns auf die Welt und ihre endlosen Wechselfälle zu verlassen.

89

Jeder gibt, was er kann

Ein heiliger Mann badete einmal in einem Fluss. Plötzlich fiel sein Blick auf einen Skorpion, der im Begriff war, im Wasser zu ertrinken.

Der Mann hatte Mitgefühl mit dem Tier und schöpfte es mit der Hand aus dem Wasser, um es zu retten. Instinktiv stach der Skorpion zu und fiel dabei zurück in den Fluss. Obwohl der Stich äußerst schmerzhaft war, unternahm der Mann einen zweiten Versuch das kleine Geschöpf zu retten. Wieder stach der Skorpion zu, und während der Mann seine Hand vor Schmerz rieb, fiel das Tier abermals zurück ins Wasser.

Der Mann gab nicht auf, und als er den Skorpion zum dritten Mal aus dem Wasser holte, gelang es ihm, das Tier am trockenen Flussufer abzusetzen.

Ein Spaziergänger, der neugierig stehen geblieben war, um die Szene zu beobachten, ging zu dem Mann und fragte ihn: »Hat Ihnen ein Stich nicht gereicht? Was hat Sie dazu veranlasst, das Ganze mehrfach zu wiederholen?« Der Mann antwortete freundlich: »Es liegt in der Natur des Skorpions zu stechen. Der Skorpion ändert sein Verhalten nicht. In meiner

Natur liegt es, gütig und mitfühlend zu sein. Wenn der Skorpion sein Verhalten nicht ändert, warum sollte ich es tun? Ganz gleich, was andere Geschöpfe tun, meine Natur ist es, sie alle zu lieben. Für mich sind alle Geschöpfe ein Ebenbild Gottes. Sie zu lieben ist meine religiöse Pflicht, mein Dharma.«

Wenn dich jemand verletzt, behindert oder wissentlich ärgert, versuche, deine Wahrnehmung zu ändern und betrachte diesen Menschen als ein Werkzeug Gottes, der geschickt wurde, um dir eine wertvolle Lehre zu erteilen.

Solange der Mensch nicht allen Lebewesen
gegenüber mitfühlend begegnet, wird er
keinen Frieden finden.

Albert Schweitzer

Das rät dir Dada Vaswani

Ein Mensch, der dich ungerecht behandelt, stellt eine einmalige Gelegenheit dar dich in Geduld und Nachsicht zu üben. Er ist deine Prüfung auf dem Weg zu persönlichem Erfolg.

Gib dir jedes Mal zwanzig Punkte, wenn du nicht auf seine Provokation eingehst, und ziehe dir zwanzig Punkte ab, wenn du es doch tust. Wie lautet dein Punktestand am Ende des Monats?

Du wirst es genießen, ruhig und gelassen zu bleiben, während der andere einen Wutausbruch hat. Du wirst außerdem feststellen, dass sich sein Verhalten im Laufe der Zeit verändert, wenn er merkt, dass er es nicht schafft, dich wütend zu machen.

90

Die Nöte eines Kindes

In einem Eliteinternat wurde der Sohn eines berühmten Autors auf frischer Tat dabei erwischt, wie er Geld aus dem Spind eines Freundes stehlen wollte.

»Du hast Schande über deinen Vater gebracht«, sagte der Direktor enttäuscht, als man den Jungen zu ihm brachte. »Was wird dein Vater sagen, wenn er von diesem erschütternden Vorfall hört?«

Der Junge verzog keine Miene, doch seine Stimme bebte vor Aufregung, als er antwortete: »Ich weiß, was er sagen wird. ›Nicht jetzt, mein Sohn, später!‹«

Noch bevor der Direktor etwas erwidern konnte, sprach der Junge weiter: »Das sagt er immer, wenn ich mit einer Frage oder einer Neuigkeit zu ihm komme. ›Nicht jetzt, mein Sohn, ich habe jetzt wirklich keine Zeit. Komm später wieder.‹ Warum sollte er nun etwas anderes sagen?«

Kinder, die von ihren Eltern nicht die dringend benötigte Zeit und Aufmerksamkeit bekommen, entfremden sich. Sie wachsen mit dem Gefühl auf emotional zu kurz zu kommen, und nicht selten tun sie die ungeheuerlichsten Dinge, um auf sich aufmerksam zu machen.

*Wir sind emsig damit beschäftigt, Silber
und Gold anzuhäufen. Unser größter Schatz
aber sind unsere Kinder.*

Sadhu Vaswani

Das rät dir Dada Vaswani

Unsere Kinder sind tatsächlich unser größter Reichtum! Wir sind verantwortlich für ihre Persönlichkeit, ihre Einstellung, ihr Verhalten. Wir müssen den Kurs ihres Lebens in die richtigen Bahnen lenken. Schenken wir ihnen darum jeden Tag etwas Zeit. Unternehmen wir etwas mit ihnen, lachen und reden mit ihnen, knüpfen dieses ganz besondere Band und seien ihre besten Freunde.

91

Die Freude am Geben

Von Sri Ramakrishna gibt es ein Gleichnis, das uns den Unterschied zwischen dem unreifen und dem reifen Ego veranschaulicht.

Ein Vater kaufte auf dem Markt für seine beiden Kinder zwei reife, saftige Früchte. Zu Hause gab er jedem aufgeregten Kind eine Frucht. Der ältere Sohn nahm das Geschenk, ging damit in sein Zimmer, schloss die Tür, verschlang die Frucht, wischte sich den Mund ab und ging wieder hinaus, um mit seinen Freunden im Hof zu spielen.

Der andere Sohn warf einen Blick auf die leckere Frucht, lief damit zu seinen Spielkameraden auf den Hof hinaus und teilte sie dort mit allen.

Der ältere Junge war aus materieller Sicht sehr schlau. Er war ein ichbezogener Einzelgänger und so intelligent, seine Interessen zu wahren.

Der zweite hatte eine weniger ichbezogene, reifere Persönlichkeit. Er dachte instinktiv an andere, und sein erster Impuls war es, zu teilen, zu geben.

Das unreife Ego hindert uns, Freude zu empfinden. Das reife Ego lehrt uns, demütig zu erkennen, dass wir Diener Gottes sind.

Die meisten von uns sind wie das erste Kind. Unser Leben dreht sich um unsere eigenen Bedürfnisse, Wünsche und Interessen. Wir legen wenig Wert darauf, die Geschenke des Lebens, mit denen wir gesegnet werden, mit anderen zu teilen. Doch verlassen wir die engen, beschränkten Grenzen unserer Ichbezogenheit, um zu teilen, um Anteil zu nehmen und zu lieben, werden unsere Herzen unwillkürlich von Freude überflutet. Wir fühlen uns leicht und frei.

Ich habe nur eine Zunge. Doch hätte ich
eine Million Zungen, ich würde trotzdem
nur dieses eine Wort aussprechen:
»Gib! Gib! Gib!«

Sadhu Vaswani

Das rät dir Dada Vaswani

Übe dich im Geben! Du musst kein Millionär sein, um es dir leisten zu können, wohltätig zu sein.

Du kannst zum Beispiel jeden Tag eine kleine Summe beiseite legen – und seien es nur fünfzig Cent, die du in ein Sparschwein steckst. Leere es hin und wieder und schenke Kindern davon etwas Süßes. Lasse dich von ihrer Freude anstecken.

92

Was ist meine Bestimmung?

Ein junges Mädchen bat einen Guru darum, ihr den Zweck ihres Daseins zu erklären. »Sag mir, Meister«, bat sie, »was erwartet Gott von mir? Was soll ich aus meinem Leben machen? Welche Aufgaben sind für mich vorgesehen?«

Der Heilige dachte einen Moment lang nach, dann trug er dem Mädchen auf, in einen nahegelegenen Garten zu gehen und sich die Blumen anzusehen. »Komme zurück und schildere mir, was du entdeckt hast«, sagte er zu ihr, »und ich werde dir deine Frage beantworten.«

Das Mädchen kehrte kurz darauf wieder zurück. »Ich habe wunderschöne blühende Blumen gesehen«, berichtete sie dem Meister. »Sie stehen in voller Blüte, leuchten in den schönsten Farben und duften herrlich! Aber ich habe auch Knospen gesehen, die noch geschlossen sind. Sie sind nicht ganz so schön, bunt oder duftend. Sie scheinen darauf zu warten, dass etwas passiert.«

Der Guru nickte. »Die Bestimmung der Knospe ist es, all die Schönheit, die Farbe und den Duft nach außen zu bringen, die sie in sich trägt«, erklärte er ihr. »Ihr Ziel ist es, eine vollkommene Blume zu werden.«

»Auch du bist zu solcher Schönheit und Vollkommenheit fähig«, sprach er weiter. »Dein Ziel soll es sein, dich zu einem vollkommenen menschlichen Wesen zu entwickeln, zu einem vollkommenen Individuum, in dem sich sämtliche Tugenden wie Mitgefühl, Güte, Hilfsbereitschaft und Aufopferung offenbaren. Auch du sollst dich zu voller Blüte entfalten, wie die vollkommene Blume.«

Unsere Bestimmung ist es, Vollkommenheit zu erreichen, indem wir heute wenigstens ein kleines bisschen besser werden, als wir es gestern waren.

Darum sollt auch ihr vollkommen sein,
wie euer Vater im Himmel vollkommen ist.

Matthäus 5, 48

Das rät dir Dada Vaswani

Erstelle einen Plan, wie du nach Vollkommenheit streben kannst. Beginne damit, eine Eigenschaft aufzuschreiben, die du gern hättest, und bemühe dich die nächsten drei Monate, sie dir zu eigen zu machen. Prüfe nach drei Monaten wie erfolgreich du warst. Wenn du mit dem Ergebnis zufrieden bist, widme dich der nächsten Eigenschaft, die du gern annehmen würdest. Andernfalls arbeite weiter an der ersten.

93

Anerkennung! Anerkennung!

Eine Umfrage unter Frauen in ländlichen Gebieten Amerikas ergab, dass den Frauen der Landwirte durch die Bank eine Sache missfiel: Ihre tägliche Arbeit wurde von ihren Familien als selbstverständlich betrachtet. So gut wie nie wurde ihnen für das, was sie taten, gedankt.

Eine von ihnen erzählte uns eine unterhaltsame Geschichte. Tag für Tag machte sie sich die Mühe, ihren Mann und ihre Söhnen mit einem köstlichen Essen zu empfangen, wenn sie abends von der Arbeit nach Hause kamen. Sie probierte immer wieder neue Rezepte aus und kochte die kompliziertesten Gerichte. Den Männern schmeckte ihr Essen, das war offensichtlich, so schnell wie sie ihre Teller leerputzten. Doch sie schenkten ihr nicht das geringste Wort des Dankes, nicht ein einziges Kompliment.

Eines Tages hatte die Frau genug. Sie bereitete ein Essen aus Viehfutter zu und stellte es dampfend auf den Tisch. Gierig fielen die Männer darüber her.

»Was ist das denn?«, schimpften sie nach dem ersten Bissen. »Bist du von allen guten Geistern verlassen?«

»Seit sechsundzwanzig Jahren warte ich darauf, dass ihr mein Essen wenigstens ein einziges Mal lobt«, erwiderte sie vorwurfsvoll. »Ich hätte nicht gedacht, dass ihr überhaupt einen Unterschied bemerkt!«

Anerkennung ist ein wunderbares Ding:
Sie bewirkt, dass das, was an anderen
herausragend ist, auch zu uns gehört.

Voltaire

Das rät dir Dada Vaswani

Nimm dir heute vor, deinen Eltern für alles zu danken, was sie getan haben, um aus dir den Menschen zu machen, der du bist.

Rufe sie an, besuche sie oder gehe einfach auf sie zu, nimm sie in die Arme und flüstere ihnen ein »Danke« ins Ohr. Sie werden das Gefühl haben, etwas ganz Besonderes zu sein.

94

Was uns die Höflichkeit gebietet

Zu einer Zeit, in der Eisbecher noch sehr wenig Geld kosteten, ging ein zehnjähriger Junge in einem belebten Einkaufszentrum in ein Restaurant und setzte sich an einen freien Tisch. Eine Bedienung kam und stellte ein Glas Wasser vor ihn auf den Tisch.

»Wie viel kostet ein Eisbecher?«, fragte er schüchtern.

»Fünfzig Cent«, antwortete die Frau.

Der kleine Junge zog eine Hand aus seiner Hosentasche und zählte gewissenhaft die Münzen, die darin lagen. Dann sah er zu der Bedienung auf und fragte mit leiser Stimme: »Und wie viel kosten nur drei Kugeln?«

Das Restaurant war inzwischen fast voll besetzt. An der Tür warteten weitere Gäste auf freie Plätze.

Die Bedienung wurde ungeduldig. »Fünfunddreißig Cent«, antwortete sie schroff und forderte ihn energisch auf: »Entscheide dich, Kleiner.«

Der Junge zählte abermals seine Münzen. »Dann nehme ich drei Kugeln, bitte«, sagte er. Die Bedienung brachte die Bestellung, legte die Rechnung auf den

Tisch und ging wieder. Der Junge genoss sein Eis, legte das Geld auf die Rechnung und ging glücklich davon. Als die Bedienung zurückkam, schossen ihr Tränen in die Augen, als sie die Münzen auf dem Tisch sah. Dort lagen, ordentlich neben der leeren Eisschale sortiert, fünfzig Cent. Der Junge hätte den Eisbecher bestellen können, den er sich gewünscht hatte. Doch er hatte sich für ein einfaches Eis entschieden statt der Bedienung kein Trinkgeld zu geben.

Ein wenig Umsicht und ein wenig Freundlichkeit sind oft mehr wert als eine Menge Geld.

John Ruskin

Das rät dir Dada Vaswani

Achte nicht nur darauf, wie du einflussreiche, berühmte oder reiche Menschen behandelst, sondern wie du dich auch Kellnern in Restaurants, Reinigungskräften und deinen Angestellten gegenüber verhältst. Sei freundlich und höflich zu ihnen. Gehe respektvoll mit ihnen um. Auch sie sind göttlich.

Ein Lächeln für den Parkwächter oder den Straßenkehrer, ein Schulterklopfen für jemanden, der gerade eine schwere Zeit durchmacht, ein verständnisvolles Nicken – das alles sind kleine stumme Gesten, die sehr viel sagen. Hetze heute nicht durch deinen Tag, sondern teile deine positiven Gefühle mit allen, die dir begegnen. Schenke ihnen deine Empathie.

95

Entthrone das Ego

Es war einmal ein großer König, der beschloss, all seiner Macht und seinem Besitz zu entsagen und Buddha zu bitten, ihn zum Mönch zu weihen. Als der große Tag gekommen war, versammelte sich die gesamte Mönchsgemeinde, um der Weihe beizuwohnen.

Der König erschien in einem ockergelben Gewand. Sein Kopf war rasiert, und er hatte auf seinen gesamten Schmuck verzichtet. Barfuß lief er durch die Reihen der Mönche. In der rechten Hand trug er, als Geschenk für den Herrn, einen Diamanten von unschätzbarem Wert. In seiner linken Hand hielt er eine seltene, schöne weiße Lotosblume für den Fall, dass der Buddha das erste, prunkvolle Geschenk nicht annehmen würde.

Buddha, der mit geschlossenen Augen dasaß, sagte zu dem König: »Lege es ab!«

Der König begriff sogleich, wie unpassend sein Geschenk war, und legte den Diamanten auf den Boden. Die Stimme des Buddhas forderte abermals: »Lege es ab!«

Diesmal ließ der König die Lotosblume fallen.

Wieder befahl der Buddha: »Lege es ab!«

Der König war verwirrt, denn er hatte nichts mehr, was er hätte ablegen können.

Er ging ein paar Schritte auf den Buddha zu, doch der wiederholte nur: »Ich habe gesagt, lege es ab!«

Schließlich begriff der König. Er hatte den Buddha in einer seiner Predigten einmal sagen hören: »*Yena tyajasi tam tyaja*« – gib es auf (das Ego oder die ›Ich‹-Denkweise), wodurch du alles aufgibst.

Er begriff, dass er immer noch in den Fängen des Egos war. Er glaubte immer noch, dass er auf Befehl des Herrn *alles* abgelegt hatte, den Diamanten und die Lotosblume.

In diesem Moment begab er sich voll und ganz in die Hände des Buddhas und ließ sein Ego los. Der Herr öffnete daraufhin seine Augen und nahm ihn anerkennend an, da der König sich in diesem Moment wahrhaftig ergeben hatte.

Das Ego ist gefräßig: Je mehr wir es füttern, desto hungriger wird es.

Nathaniel Bronner Jr.

Das rät dir Dada Vaswani

Um uns vom Ego zu befreien, sollten wir als ersten Schritt den Herrn preisen, ihm alles Gute zuschreiben, das uns im Leben widerfährt. Meditiere täglich nur fünf Minuten lang über das Mantra *Na Hum, Na Hum, Tu Ho, Tu Ho*. Ich bin nichts, du allein bist.

96

Taktgefühl überwiegt Talent

Es war einmal ein armer, aber kluger Mann, der den Segen der indischen Göttin der Rede und Gelehrsamkeit, Saraswati, erhalten hatte. Als ihm die Göttin in einer Vision erschien, gewährte sie ihm einen Wunsch. Er durfte sie um alles bitten, was er wollte.

»Ich wünsche mir, dass mir die Göttin Lakshmi ihren *Darshan*, ihren Segen, gibt«, platzte der Mann unbesonnen heraus.

Saraswati war alles andere als erfreut!

Doch statt ihr Missfallen über diesen Wunsch zu äußern, entschied sie, dem Mann einen kleinen Streich zu spielen. Sie bat sowohl Lakshmi, die Göttin des Glücks, als auch ihre Schwester Alakshmi, die Göttin des Unglücks, vor ihr zu erscheinen. »Dieser Mann ist einer meiner klügsten Anhänger«, sagte sie zu den beiden. »Er ist der Richtige, um zu entscheiden, wer von euch wahrhaft schön und verführerisch ist.«

Augenblicklich gingen die beiden Schwestern vor dem armen Mann in Position, der seinen Augen beim Anblick der unerwarteten, uneingeladenen (und in der Tat unerwünschten) zweiten Besucherin nicht traute. Er steckte wirklich in einer äußerst misslichen Lage, als die beiden Göttinnen von ihm verlangten zu entscheiden, wer die Attraktivere von ihnen war.

Sein scharfer Verstand arbeitete auf Hochtouren. Während er angestrengt nach einer Antwort suchte, bat er die beiden Göttinnen, vor ihm auf und ab zu gehen, damit er ihre Figur und ihren Gang in Augenschein nehmen konnte. Er steckte in einer Zwickmühle. Er wollte Lakshmis Anmut rühmen, doch er konnte es unmöglich riskieren, ihre Schwester zu kränken und ihren Zorn auf sich zu ziehen.

Die beiden Schwestern wurden des Auf- und Ablaufens allmählich überdrüssig und verlangten nach einem Urteil. Da kam ihm sein Scharfsinn zur Hilfe.

»Liebste Mutter Alakshmi«, begann er, »ich finde Sie überaus schön und verführerisch, wenn Sie von mir fortlaufen. Und Ihre Schönheit und Anmut, Mutter Lakshmi, finde ich unwiderstehlich, wenn Sie auf mich zulaufen!«

Der Kluge findet für jedes Problem eine Lösung.

Weisheit übertrifft jeden Reichtum.

Sophokles

Das rät dir Dada Vaswani

Vertraue auf diese Wahrheit: Für jedes Problem gibt es eine Lösung, wir müssen sie nur finden.

Sage dir das immer wieder, wenn du vor einer Schwierigkeit stehst. Es wird dir neues Selbstvertrauen geben und dich ermuntern die Herausforderung anzunehmen und den richtigen Weg zu finden das Problem zu lösen.

97

Es ist nie zu früh

Aristoteles galt als der angesehenste Lehrer in Athen. Die besten und klügsten jungen Männer der Stadt scharten sich in seinem Lyzeum um ihn, um eine vielseitige humanistische Bildung zu erhalten, die sie zu vollkommenen Bürgern und Menschen machen sollte.

Einmal trat eine junge Mutter an Aristoteles heran. Sie träumte von dem Tag, an dem ihr kleiner Sohn ein Student des berühmten Lehrers werden würde.

In ihrem Eifer wollte sie, dass der Junge schon von Kindesbeinen an darauf vorbereitet war.

»Wann soll ich anfangen mein Kind zu erziehen, sodass es zu einem vollkommenen Menschen heran-wächst?«, fragte sie den großen Lehrer.

»Wie alt ist Ihr Kind?«, wollte Aristoteles wissen.

»Es ist gerade fünf geworden«, antwortete die eif-rige Mutter und lächelte zärtlich bei dem Gedanken an ihren Sohn.

»Dann sollten Sie keine Zeit mehr verschwenden, gute Frau«, sagte Aristoteles. »Sie sind schon fünf Jahre zu spät dran!«

Beginne so früh wie möglich. Ist der Samen gut

genährt, wird daraus ein gesunder und kräftiger Spross wachsen.

Setze das Potenzial frei, das in einem Kind steckt, und es wird seinen Platz in der Welt finden.

Maria Montessori

Das rät dir Dada Vaswani

Verschleppst oder verschiebst du seit geraumer Zeit etwas? Erledige es heute, denn es wird ein Morgen geben, an dem es zu spät sein wird.

98

Lösche die Flammen

Buddha wurde einmal von seinen Schülern mit Fragen über Gott gelöchert. Wer genau war er? Wie hat er sich zu erkennen gegeben? Warum hat er den Menschen erschaffen?

Buddha hielt es für Zeitverschwendung, all diese Fragen zu beantworten. Er erzählte seinen Schülern stattdessen lieber eine Geschichte.

Es war einmal ein Mann, dessen Haus in Brand geriet. Während die Flammen an den Wänden und an der Decke züngelten, und der dunkle Rauch immer dichter wurde, blieb er reglos in seinem Haus sitzen. Seine Nachbarn, Familie und Freunde riefen ihm von draußen zu: »Der Wind nimmt zu! Das Feuer breitet sich aus! Was machst du da? Komm sofort heraus oder du wirst verbrennen! Du wirst sterben!«

Töricht blieb der Mann weiter inmitten der hochschlagenden Flammen sitzen und brüllte zurück: »Was ist der Grund für das Feuer? Wie heiß ist es? Welche chemischen Komponenten sind daran beteiligt? Solange ich keine Antworten auf diese Fragen kriege, komme ich nicht raus.«

Buddha sagte zu seinen Schülern: »Jeder von euch ist wie dieser Mann. Euer Haus steht in Flammen. Ihr alle verbrennt in *Trishna*, dem Feuer des Verlangens. Ihr müsst anfangen die Flammen des Verlangens zum Erlöschen zu bringen. Wenn euch das gelungen ist, werdet ihr das Stadium des Nirwana, der Erleuchtung, erreichen. Dann werden euch alle Antworten auf eure Fragen über Gott klar werden.«

Wir versuchen unnötigerweise nur allzu oft Ereignisse und Vorfälle zu deuten, rational zu erklären und ihnen eine Bedeutung beizumessen. Nur wenn wir lernen auf Gottes Güte und seine mitfühlende Kraft zu vertrauen, und daran glauben, dass seine Pläne vollkommen sind, werden wir wahren Frieden finden.

Es ist nicht genug zu wissen, man muss auch anwenden; es ist nicht genug zu wollen, man muss auch tun.

Johann Wolfgang von Goethe

Das rät dir Dada Vaswani

Wir alle neigen dazu, vorschnell und impulsiv zu reagieren und unnötig zu streiten. Versuche, die Rolle eines Beobachters einzunehmen, der die Situation ruhig verfolgt und bewertet. Stelle dir vor, du beobachtest die ganze Situation aus einiger Distanz durch ein Fernglas. Mache dir bewusst, dass hitzige Wortwechsel und unnötiger Streit den anderen nur ermüden. Sie bringen keinen Gewinner hervor.

99

Jesus wusste es besser

Ein Gruppe leitender Angestellter und Verwaltungsbeamter aß in einem Restaurant zusammen zu Mittag. Sie unterhielten sich zunächst ganz allgemein über das Thema Religion, dann wandte sich das Gespräch dem Christentum zu.

»Wenn Sie mich fragen, hätte Jesus bei der Wahl seiner Jünger etwas kritischer sein dürfen«, sagte einer der Männer. »Er hätte sich unter Herrschern und Führern umschauen sollen oder nach erfahrenen Staatsmännern und fähigen Rednern. Was hat er stattdessen gemacht? Er ist zum See Genezareth gegangen und hat sich vier gewöhnliche Fischer ausgesucht: Petrus, Andreas, Jakobus und Johannes.« Der Mann zuckte mit den Schultern und fuhr fort: »Also meines Erachtens hätte er eine bessere Wahl treffen können. Er hätte gebildetere, kultiviertere, geeignetere Männer auswählen können, finden Sie nicht auch?«

»Da bin ich anderer Meinung«, meldete sich ein Mann zu Wort, der am Nebentisch saß. »Entschuldigen Sie, ich habe zufällig Ihr Gespräch mitbekommen. Und zugunsten der Fischer möchte ich Folgendes sagen: Es spricht durchaus sehr viel für diese Männer. Sie sind geduldig, ausdauernd und einfallsreich. Sie sind mutig und halten so manchem Sturm stand. Sie wissen sich um ihre Boote, Geräte und ihre Ausrüstung zu kümmern. Sie wissen, was es bedeutet, den Elementen zu trotzen und gegen raue Bedingungen anzukämpfen. Sie wissen, wie man als Gruppe zusammenarbeitet und sich umeinander kümmert. Jesus wusste es besser als Sie!«

Alles, worauf wir uns besinnen müssen, ist, dass unsere Rolle in diesem unermesslichen Drama des Lebens bedeutungslos wäre, wären da nicht die Rollen, die andere spielen.

Wechselseitige Abhängigkeit ist und sollte ebenso ein Ideal des Menschen sein wie Selbstständigkeit. Der Mensch ist ein Gemeinschaftswesen.

Mahatma Gandhi

Das rät dir Dada Vaswani

Es mag Zeiten geben, in denen wir uns zu Klatsch und Tratsch hinreißen lassen. Dies geschieht meist dann, wenn zwei oder mehr Menschen zusammenkommen. In solchen Momenten ist es ratsam, sich im Stillen zu ermahnen und immer wieder zu sich selbst zu sagen: »Jeder Mensch ist ein wertvolles Kind Gottes.«

100

Brot wird zu Stein

Es gibt eine Parabel über eine sehr reiche Frau, die direkt neben einer sehr armen Frau lebte, die drei Kinder hatte.

Eines Tages geschah es, dass die arme Frau nichts mehr zu essen hatte, nicht einmal einen Laib Brot, den sie ihren hungrigen Kindern hätte geben können. Demütig klopfte sie bei der reichen Frau und bat: »Dürfte ich Sie nur um einen Laib Brot für meine Kinder bitten? Sie haben solchen Hunger.«

»Tut mir leid, aber ich habe keine einzige Scheibe Brot im Haus, nicht einmal für mich selbst«, log die reiche Frau. »Wie soll ich Ihnen da einen Laib geben?«

»Bitte schauen Sie noch einmal nach«, bettelte die arme Frau. »Bestimmt haben Sie irgendwo noch etwas Brot in Ihrem Schrank.«

»Nein, habe ich nicht«, blaffte die reiche Frau. »In meinem Schrank ist kein Brot.«

»Aber das kann nicht sein, Sie sind doch so reich!«, rief die arme Frau aus.

»Sollte in meinem Schrank Brot sein, möge Gott es in Stein verwandeln«, schwor die reiche Frau. »Und jetzt gehen Sie bitte, ich habe nichts für Sie.«

Nachdem die arme Frau mit Tränen in den Augen gegangen war, wandte sich die reiche Frau zu ihren Kindern um und sagte: »Jetzt lasst uns in Ruhe essen.«

Suppe wurde aufgetragen. Butter wurde auf den Tisch gestellt. Als die Frau zum Schrank ging, um Brot herauszuholen, war sie wie vom Donner gerührt: Es hatte sich tatsächlich zu Stein verwandelt.

»Mama«, riefen die Kinder. »Wir haben Hunger.«

»Keine Sorge«, sagte die reiche Frau. Sie gab dem Hausmädchen eine Fünfpfundnote und trug ihr auf, zum Bäcker zu laufen und drei frische Laibe Brot zu kaufen.

Als das Mädchen zurückkam, wunderte sich die Frau, warum der Korb, den sie dem Mädchen abnahm, plötzlich so schwer war. Neugierig sah sie hinein und musste feststellen, dass sich die drei warmen Laibe Brote in dem Moment, als sie den Korb berührt hatte, zu Stein verwandelt hatten. Sie war entsetzt! Sie stürzte aus dem Haus und lief selbst zur Bäckerei, um Brot und Kuchen für ihre arme Nachbarin zu kaufen. Danach ging sie ins Lebensmittelgeschäft und kaufte Unmengen an Vorräten.

»Hier, bitte«, sagte sie atemlos, als sie der Nachbarin die Einkäufe reichte. »Ich habe heute eine bittere Lektion gelernt. Ich werde nie wieder egoistisch handeln.«

Als sie zurück nach Hause kam, hatten sich die Steine in dem Korb wieder in Brot verwandelt. Die

Kinder stürzten sich hungrig darauf. Neben ihrer Mutter hatten auch sie gelernt, dass sie zu jedem um sich herum großzügig sein sollen.

Lasst keinen je zu euch kommen, ohne
dass er besser und glücklicher wieder geht.
Seid lebendiger Ausdruck der Güte Gottes:
Güte in eurem Gesicht, Güte in euren
Augen, Güte in eurem Lächeln.

Mutter Teresa

Das rät dir Dada Vaswani

Schließe die Augen und denke über diese goldene Regel nach: »«Wir ernten, was wir säen. Wir können nicht Dornen säen und Äpfel ernten. Jeden Gedanken, den ich denke, jedes Wort, das ich sage, jede Tat, die ich tue, ist ein Same, den ich auf dem Feld des Lebens aussäe. Zur rechten Zeit werden die Samen keimen, zu Bäumen heranwachsen und Früchte tragen – bittere oder süße –, die ich dann zu essen habe.«

Quellennachweise

S. 136, 163, 180, 181, 190, 219: Übersetzungen aus dem *Bhagavad Gita* nach Richard Garbe, 1905/1921

S. 105: Thomas Chalmers, *Reden über die christliche Offenbarung in Beziehung auf die neuere Astronomie.* Übersetzung nach C. F. A. Reinecke, 1841